賢い子を育てる
夫婦の会話

NPO法人
親子コミュニケーションラボ代表理事
フリーアナウンサー
天野ひかり 著

教育学者
汐見稔幸 監修

あさ出版

子どもは、お母さんが笑っていても
怒っていても、
一生懸命なのを知っています。
子どもは、お父さんが黙っていても、
家族を想っているのを知っています。

子どもは、毎日
お母さん、お父さんを
よく見ているのです。

あなたは、幼いころ
親がつらそうにしているのに
何もできない自分を、
はがゆく思ったことはありませんか？

子どもは、親が思っている以上に
お母さん、お父さん
ふたりを喜ばせたくて
毎日一生懸命です。

だから、子どものためにも
いちばん近くにいる人との
会話を大切にして、
心から笑っていられる
親でいましょう。

そして、子どもと同じくらい、
自分の幸せをかみしめましょう。
それが、賢く幸せな子どもを
育むことになるのです。

はじめに

この本を手にとってくださった、お母さん、お父さん。
ふだん夫婦でどんな会話をしていますか。

●ほとんど会話らしい会話をしていない
●忙しくて夫婦で話す時間もない

そんな方も多いのではないでしょうか。

これまで5万人以上のお母さん、お父さん、お子さんにコミュニケーションの大切さと難しさをお話させていただく中で、最近では、親子の対話と同じくらい「夫婦の会話」に悩んでいるご相談をたくさん受けるようになりました。
そして、さまざまな相談を受けるうちに、一見、子どもの悩みと思われることも、根底には**夫婦間のコミュニケーションの問題が隠れている**ことがわかってきました。

私が妻の気持ちや夫の気持ち、子どもの気持ちを代弁すると、みなさん、ハッとされます。

自分のことだけで、精一杯なのですよね。

はじめはお互いへの不満でいっぱいでも、よくよくお話を聞くと夫婦として「なんとかしたい」「助け合いたい」「成長したい」と思っていることが伝わってきます。

でも、どうしたらいいかわからない。

見ていて、歯がゆい気持ちになります。

パートナーとの会話は少なくても、子どもと私は話しているから大丈夫、と思われるかたもいらっしゃるでしょう。

もちろん、親と子の対話やタテの関係から、子どもが受けとることはたくさんあります。

ところが、**お父さんとお母さんが話している姿とその言葉から、親子の対話よりも多くのことを、子どもは学んで育ちます。**

親から直接言い聞かされた言葉以上に、**親どうしや親とだれかが話している言葉のほうが、子どもの心に響くから**です。

そして、夫婦の会話がない場合、子どもは夫婦の関係も敏感に感じ取り影響を受けていくのです。

くわしくは本文の中でお伝えしますが、夫婦の会話は、これからの時代を生きる子どもに、とくに必要な5つの力を育みます。

これからは、人工知能が発達し、親にとって今まで当たり前だったことが当たり前ではなくなるでしょう。

だから、これからは、親が子どもに「言い聞かせる」子育てではなく、夫婦の会話で**「自分で考えて行動させる」子育て**が大切です。

この本では、私の経験から**夫婦のコミュニケーションをラクにするのと同時に、子どもの力を伸ばす会話のコツ**をご紹介します。

私はテレビ局のアナウンサーとして「話す」「聞く」「伝える」ことを徹底的に学び、**目の前の人との会話が見ている人にどう映るのか**をつねに考えてきました。NHKの番組「すくすく子育て」のキャスターを務める中で、子どもの脳と心の発達、言語の獲得、睡眠のメカニズム、歯、視覚、聴覚、嗅覚、味覚、触覚など、専門家の先生に子どもの成長を科学的な観点から教えていただき、**子どもの視点に立って見ることの大切さ**を学びました。

今は、言葉がどのように人を育てるのかを伝えようと、仲間といっしょにNPO法人親子コミュニケーションラボを立ち上げ、活動をしています。

私自身も娘が生まれ、親の言葉かけの1つひとつ、何気ない夫婦の会話が子どもに影響していくことが恐ろしくなりましたが、親の言葉や会話を子どもがどう受け止めて行動し、成長するのかを知ったことで、子育てがとてもおもしろくなりました。

なぜ、夫は家族に興味がないの？

なぜ、妻はいつもイライラしているのだろう？

この子は何を考えているの？

この本を読んでいただければ、こんな悩みやイライラも発見に変わります。夫婦お互いへの考えを変えることは、子どもへの考えも変えることであり、そこには、きっとたくさんの発見と喜びもあるはずです。

はじめは難しく、遠回りに感じるかもしれません。

でも、一見遠回りに見えるアプローチも、子どもが成長するにつれて効果を発揮するでしょう。

子どもにとって家族は最初に出会う「小さな社会」です。親が言い聞かせる言葉以上に、毎日の「夫婦の会話」にこそ、子どもを成長させる力があります。

ぜひ、夫婦の会話のコツを磨いて、一歩先の子育てを楽しみましょう！

２０１９年３月
天野ひかり

監修者・汐見稔幸先生より

子どもを育てるうえで、言葉がどれほど大きな役割を果たすのかということを、これほどまでに細やかに、そしてわかりやすく示した本はこれまでになかったように思います。

言葉の大切さについての一般論はあるのです。でも、この本は趣が違います。

一般に言われていることが、日常の言葉の問題に翻訳すると、こういうことになると、具体例で貫いているのです。

しかも、内容は家族でおこりうる事態をほぼ網羅していると思えるほど、実際の生活に即したものになっています。自分の経験をベースにしているからでしょう。

見方によると、言葉遣いの百科事典のような内容になっていますが、いわゆる言葉遣いの教科書のような本でもありません。

言葉と心のありようをつなげて論じていて、子どもや夫婦の心がどうすれば通じ合えるのかという視点で貫かれています。その意味で、コミュニケーション論の指南書にもなっています。

賢い子を育てる 夫婦の会話 ◎ 目次

第1章

賢い子どもは「夫婦の会話」でつくられる

第2章

夫婦の会話を変えると、子どもはこう育つ

第3章

“ありのまま”を認めると、夫婦関係も子育てもラクになる

第4章

子どもの「器」を育む夫婦・家族の会話のコツ

第1章

賢い子どもは「夫婦の会話」でつくられる

子どもは大人の会話をよく聞いている

夫婦でうまく会話ができなくても、子どもには言葉を選んで愛情深く育てているから大丈夫。

そう思われる方がいるかもしれませんね。

でも、子どもは親どうしの何気ない日常会話をとってもよく聞き、影響を受けています。

そして、夫婦の会話がギクシャクしていたら、それもしっかり感じとっています。

じつは、**目の前の相手から直接かけられる言葉よりも、だれかが自分にかんすることを話している言葉のほうが、私たちの心に響き、残る**のです。

なぜなら、私たちは目の前の相手からの言葉には、時として別の意図や、やさしい嘘（社交辞令）が含まれていることを知っていて、間接的な言葉は、真実味を帯びて感じるからです。

たとえば、子どもがお手伝いをしてくれたとき、

「お手伝いをしてくれてありがとう。とってもうれしい。すごく助かったよ」

と直接本人に伝えることはとても大切です。

でも、

「今日、あの子、私のお手伝いをしてくれたんだ。とても助かったわ」

「おお、そんなお手伝いができるようになったんだな、それは頼もしいな」

と、お父さんとお母さんが会話をしているのを聞いたほうが、子どもはずっとうれしくて、もっとやる気になってくれます。


自分に置き換えるとよくわかります。

「君の出した企画、とてもよかったよ」

と上司から直接ほめられるのはうれしいことです。

でも、

「あの企画、とてもよかったって部長がほめてたらしいよ」

と間接的に聞くほうが、数倍うれしくて、俄然《がぜん》やる気になりませんか。

○悪いことも間接的に聞くと影響が大きい

同じように、よくないことも間接的に聞くと、必要以上にショックを受けてしまいかねません。

「君のこの企画は、ここがよくないね」

と直接上司に言われたときには、反省して次から直そうと思えますが、

「○○さんの今回の企画、あんまりよくないって部長が言ってたらしいよ」

と自分のことを言われているのを他人から聞いてしまったら、反省するよりも、ショックでしばらく立ち直れそうにありませんね。

これも子どもに置き換えてみましょう。

たとえば、いけないことをしたわが子に、

「それはいけないこと。それをしたらママは悲しい。もうやめようね」

と直接言えば、自分の行いを反省します。

そして、叱られたことそのもののショックは、すぐに忘れることができます。

ところが、お母さんとお父さんが、

「あの子、こんないけないことしたのよ。もう悲しくて」

「えっ、そんなことしたのか、それはダメだ」

と話しているのを聞いた子どもは、どう感じるでしょう。

きっと反省をとおり越して、親が自分を嫌いになるのではないか、自分はダメな子なんだ、と不安になるでしょう。

赤の他人の言葉ならば、噂に過ぎないと聞き流すこともできますが、**子どもにとって、お父さんとお母さんの会話はとても大切です。**

そして、子どもを育てていくうえでは、じつはこのような「夫婦の会話」や、第三者を交えた会話には、子どもを育む大きな力が隠されているのです。

人は言葉によって育てられるからです。

夫婦の会話で磨かれる
子どもの「5つの力」

「親子の対話」とは別に、「夫婦の会話」を磨くことで育まれるものには、5つの力があります。

これらは、これからの時代を生きる子どもにとって、とても大切な力です。

では、これから1つひとつ、見ていきましょう。

❶ コミュニケーション力

親が子どもに身につけさせたい力、ナンバーワンは、「コミュニケーション力」です。子どもが培ってきた力を発揮させるためには、コミュニケーション力が欠かせませんね。

思いやり、愛情、スポーツや芸術などの才能も、コミュニケーション力があって、はじめて相手に伝わり、その力を大きく伸ばせるからです。

以前、ある芸術家からこんな話をうかがいました。

素晴らしい作品をつくりあげてクライアントに見せたところ、無反応でびっくりしたそうです。

そこで、作品の特徴や意図などを、言葉を尽くして表現し説明し、コミュニケーションを重ねたところ、その素晴らしさを理解してもらい、拍手喝采、高額で売れたそうです。

どんなに素晴らしい作品も、相手に理解してもらうコミュニケーション力があって、はじめて、認められるのです。


では、このコミュニケーション力は、どうしたら伸ばせるのでしょうか。

悩ましいのは、親が子どもに無理やりやらせて身につくものでも、ひとりで勉強して学ぶものでもないことです。この力は、**毎日の家族の会話の中から育まれることが大きい**のです。

子どもは、どう伝えると自分の思いが伝わるのか、親と会話をしながら日々学んでいます。親のコミュニケーションのスキルが高い場合には、子どもも多くを吸収していきますが、じつは、日本の親は、うまく子どもとコミュニケーションできていない実態があります。

親から子どもへの**一方通行の言葉がけになってしまっている**のですね。
代表例がこの2つの言葉。

「早く起きなさい！」や「片づけなさい！」などの
①「〜しなさい」という指示の言葉
そして、

「ぐずぐずしないで！」や「大声出さないで！」などの
②「〜しないで」という禁止の言葉

これでは、子どもは、「うん」か「イヤ」の2択でしか答えられません。

コミュニケーションではありませんね。

これでは、子どものコミュニケーション力を育むのは難しいですね。

一方通行の言葉ではなく、コミュニケーション力を育む親の言葉については、私の著書『子どもが聴いてくれて話してくれる会話のコツ』（サンクチュアリ出版）にくわしく書きましたので、参考になさってくださいね。

そして、子どもは、お父さんとお母さんの会話を聞くことで、一対一の対話とは異なるコミュニケーションの方法を、知らない間に学んでいきます。「こう表現すると、お願いを聞いてもらえるんだな」や「こういう言い方をするといっしょに楽しめるんだな」、「この言い方は、相手を不機嫌にさせるんだな」など、お父さんとお母さんの会話を聞いてまねをしながら、どの言葉を使い、どの言葉を使わないのかを考え、育っていきます。

お兄ちゃん、お姉ちゃんを見て育った弟や妹のほうが、ソツなくコミュニケーションできるのは、見て学ぶ機会が多いからですね。

夫婦が一方通行の言葉でしか話せないでいると、「人は自分からは動くようにはならない」ことも見て学ぶでしょう。

だから、夫婦が意見や立場の違いを認めて、話し合い、ゆずり合い、尊重し合って答えを出していく会話そのものが、子どものコミュニケーション力を育んでいくことになるのです。

❷ 多様な価値観を受け入れる力

家庭は、子どもにとって最初に出会う**「社会」**です。

好きなものや嫌いなこと、善悪の判断基準、相手を思いやること、大切にすべきこと、守るべきマナーやルールなどが、家庭で育まれていきます。

たとえば、お父さんはゲームが好きでじょうずだけれど、お母さんは、ゲームが好きじゃない。お母さんはお洋服にお金をかけるけれど、お父さんは着るものには興味がない。

ふだん何気なく口にしていることから、環境問題やＬＧＢＴといった議論するようなことまで、夫婦間でも価値観に違いがあることが、子どもに影響を与えていきます。

そして、お互いの違いを認めて尊重する姿が、子ども自身の価値基準を広げ、つくっていくのですね。

以前は、お父さんとお母さんは意見を一致させて、子どもに向き合わないと子どもが混乱するといわれていました。家父長制《かふちょうせい》から続く、お父さんが絶対的な存在として、家族が服従するという考え方に引きずられていたのですね。

ところが、今は、子どもはそんなことでは混乱せず、お父さんだけの考えを子どもに押しつけたり、お母さんの見方だけで育てたりするよりも、**多様な価値観に触れさせることが大切だ**とわかってきたのです。

わが家の常識が世間の非常識になることもあります。

世の中には、さまざまな感覚や考え方、受け止め方があることを認めて、子ども自身の考えを育む力は、これからの時代の学力の中心になるといわれています。

❸ 非認知的能力（自分を信じる力）

いま教育業界の中で、世界的にとても注目されているものに、**「非認知的能力」**があります。

「非認知的能力」とは、

・目標に向かってがんばる力
・人とうまくかかわる力
・感情をコントロールする力

といった、目には見えない力です。

私は、これらは〝自分を信じること〟で発揮されると思っています。

私たち親は、とにかくテストの点数が高いこと、漢字が書けること、計算が速いことなど、子どもが〝かしこくなった〟と目に見える「認知的能力」を重視しがちです。

ところが、アメリカの研究では、目には見えない「非認知的能力」を高めることが、その後の**子どもの人生の成功や、収入の安定に関係している**ということがわかってきました。

そして、この「力」は、漢字の書きとりや計算力のように、やらせてできるようになるのではなく、他者とかかわりながら、子ども自身のやりたい気持ちを大切にすることで育つものなのです。

わが子が漢字を書けるようになると、親にはわかりやすい達成感がありますよね。

逆にいうと、書けるようにならないのは、親にとってイライラの原因でもありますね。

でも、その前に、まずは、他者とのかかわりの中で、何かに熱中してとり組み「非認知的能力」を育むことが大切なのです。

たとえば、「一生懸命に話せばわかってもらえる」といった感覚や、「涙って、うれしいときにも出るものなんだ」「僕も役に立てるようにがんばろう」などと思える力は、家族の関係性の中で、育っていきます。ひとりで努力しても無理ですね。

その中で、次第に**自分で自分を信じることができる力**になっていくのだと思います。

もちろん、子どもとお母さん、子どもとお父さん、という「タテの関係」も大切です。

でも、お父さんが「おいしいね」と言うと、なんとなくお母さんのご機嫌がいいな、といったことや、お母さんには内緒でお父さんと母の日のプレゼントを選ぶとワクワクすること、きょうだいで競争してお母さんの気を引こうとする、といったことは、親子の一対一の関係では育めません。

こういった思いや気持ちを、家族という小さな社会の中でまずは育てていくことができるのです。

❹ 安定したアイデンティティ（自己認識力）

子どもにとって望ましい環境って、なんでしょう。

よく有名人の幼いころのエピソードで、極貧だったにもかかわらず、親の笑顔や言葉のおかげで何も疑わず、幸せな子ども時代を過ごした、という話があります。

これは物理的な環境よりも、家族の言葉の力の影響の大きさを感じます。

裕福な家庭で夫婦の会話が貧しく荒《すさ》んでいるより、貧しい家庭でも夫婦の会話があたたかいほうが、子どもにとっては安全で豊かな環境ですね。

物理的には恵まれない環境であっても、夫婦で愛情あふれる前向きな楽しい会話をする中で、子どもは、マイナスなことではなく、**「生きるって楽しい」「自分は生きている価値がある」と感じて前向きに育つ**のではないでしょうか。

❺ 問題を見つけ出す力（AIに負けない力）

今の小学生が社会に出るころには、現在の職業の6割近くがなくなっている、と予想する人がいます。仕事がAI（人工知能）にとって代わられるからです。

これまで私たちに求められた力は、学校教育でも社会でも、「与えられた課題を正しく速く解く」ことでした。

でも、これはもう、AIには敵《かな》いません。

これからは、AIに負けない子どもを育てなければなりませんね。

では、ＡＩではなく、人間にしかできない力とはなんでしょう？
それは、**「課題そのものを設定する力」**です。

たとえば、自分の困っていること、他人の心配なこと、そして、みんなの悩みや不安を浮き彫りにしてまとめ、その中からひとつの大きな課題を設定する、というのはみんなと会話する中から生まれるものです。
それも、「あなたの悩みはなあに？」と直接聞かれて、ポンと出るものではなく、何気ない会話をするうちに、

「そういえば、こういうことって困っているね」
「不安に思っていたのは自分だけじゃないんだ」

と、本人たちも気づくもの。
これが新しい発想になります。
自分の中にある思いは、言葉にして、相手に映してはじめて、かたちになるから

です。

これは、人間にしかできないことではないでしょうか。

くわしくは第3章でお伝えしますが、まずは家庭での目的のない会話の中で、人間にしかできない力を育んでいくことを目指したいですね。

では、こうした5つの力を育む具体的な会話を見ていきましょう。

第2章

夫婦の会話を
変えると、
子どもはこう育つ

01

会話が多い夫婦は仲がいい

↓子どもの情緒が安定する

最近、子育ての講演やセミナーで、「夫婦の会話がほとんどなくて、どうしたらいいでしょうか……」という相談をよく受けます。

じつは、日本は夫婦の会話の時間が、世界でも群を抜いて少ないのです。

ある番組の調査によれば、世界50カ国中、日本は48位と、海外に比べると圧倒的に少なく、1日平均53分だそうです。

子育ての講演で、これまでにたくさんの夫婦に実際に聞いたところでは、もっと少なく、1日10分くらいの印象です。

あなたの場合は、どうでしょうか。

話さなくなるきっかけは、すれ違いで顔を合わせる時間がほとんどなくなったから。

夫婦ふたりだけのときは、お互いに時間を調整して話す時間をつくることができたのに、子どもが生まれると、子どもの生活リズムを優先するため、夫婦ふたりで時間を合わせることがむずかしくなるようです。

働き方を見直して、ふたりで話し合いながら子育てできることがいちばんですが、現状では、なかなか難しい。

そして、会話がだんだん減って、言葉もトゲトゲしくなり、会話そのものがなくなってしまうのですね。

でも、そのままでいいのでしょうか。

◯じつは知らないお互いの本音

お母さん向けの講座で、お母さんたちの言い分を聞くと、

・夫は私の話を聞いてくれない
・夫は子育てに関心がなさそう
・私の子育てや家事に文句しか言わないので、話すのがイヤになった
・何度言ってもやってくれないので、あきらめた

といった夫への不満が噴出。

でも、よくよく聞くと、もっと夫に自分と子どものことに関心をもってほしい、いっしょに子育てや家事をしたい、という気持ちが見えてくるのです。

一方、お父さん向けの講座では、

・妻は、私に関心がない
・帰宅すると、妻は子どもにイライラ怒っていて話しかけられない
・子ども優先で、僕はさびしい
・手伝うと、ダメ出しされてやる気が出ない

といった夫側の意見をもらいます。

よく聞くと、夫ももっと妻に自分のことをかまってほしい、もっと自分を頼ってほしいのに何をしたらいいのかわからない、と思っています。

妻は子どもが生まれて生活が一変したのに対して、夫は以前と変わらない生活をしていることもズレの一因ですが、どちらも、お父さんとお母さんという新しいス

テージに入って戸惑っているうちに、「会話しないほうがラク」という方向に向かってしまったのでしょう。

でも、本音は、**夫婦でもっと相談して、いっしょに生活（家事）をし、いっしょに子どもを育てていきたい！**　と心から叫んでいるように感じます。

◯「夫婦の会話」の影響はこうして現れる

夫婦でもっと仲よく会話したい、と思っていても、できないイライラが態度に出てしまう。

子どもは、親が思っている以上にそれを敏感に感じとっています。

夫婦の会話がギクシャクしていると、子どもは、自分の力でなんとかお父さんとお母さんを仲よくさせようと気を遣います。

子どもが小さいうちは、おちゃらけてみたりふざけてみたりして、笑わせようとします。

もう少し大きくなると、**いたずらや悪さや反抗といった変な行動をすることで、**

ふたりを向き合わせようとしてしまいます。

もしくは、自分が悪い子だから……、と自分を責めてしまう場合もあります。とても健気《けなげ》ですね。


子ども自身がリラックスできないために、変な行動をする。

すると、その子どもを見て、親もまたイライラしてしまう。

こうした負のスパイラルに陥らないためにも、まずは、子どもとの関係性以前に、夫婦の会話を見直すことが先です。

お父さんとお母さんがお互いに向き会っている姿を見ることで、子どもは安心してリラックスし、のびのびと自分の思いを育むことに集中できます。

○夫婦仲よくできることを探そう

仲のいい夫婦というと、いつも手をつないでニコニコ、毎日ハグやキスするのをイメージする方もいるかもしれませんね。

でも、仲よし夫婦のかたちは、それぞれ。

夫婦で力を合わせて家族を育んでいこうとする思いが、子どもに伝わればよいのではないでしょうか。

わかりやすいのは、まずは**いっしょに家事をすること**です。

実際、夫が家事を積極的に行う夫婦は、しない夫よりも夫婦仲がいいという結果が出ています。

家事というと、掃除や食器の後片づけなどを思い浮かべますが、それを含め、家族の生活をデザインし、プロデュースして、どのように家族を育てていくのか、ということです。

これは、夫と妻と子どもが協力してとり組むべき一大事業です。

家族をプロデュースするためには、会話は欠かせませんね。

その夫婦の会話が、子どもの成長に大きな影響を与えていきます。

まとめ

- 夫婦が向き合う姿は、子どもを安心させる
- リラックスできる環境で、子どもの「思い」は育まれる
- 夫婦いっしょに何かにとり組む時間をもとう

02

理想や望みを「I」を主語にして伝える

↓自分の気持ちをうまく話せる子になる

まずは、会話が少ないと感じている夫婦は、「話をしなければ！」と思うのをやめましょう。

矛盾しているように感じるかもしれませんね。

じつは、コツを理解しないまま無理に話そうとすると、相手を傷つけたり怒らせたりすることになり、逆効果なのです。

まずは、**会話を増やすことを目的にせず、自分の理想の家族像を思い出すことから始めましょう。**

理想とする自分、自分がなりたいお父さん像、自分がなりたいお母さん像を具体的にイメージするほうが、楽しくて建設的です。

あなたはどんな家族になりたいのでしょうか。

休日、ゴロゴロしている夫、妻？

休日も仕事をこなしている夫婦？

それとも、公園に行って子どもと遊ぶ夫婦になりたかったのでしょうか。

はたまた、お互い癒やしの存在になりたかったのでしょうか。

私は、家族3人でベッドの上でゴロゴロしている時間がいちばん幸せだなあと感じています。

でもこれ、どちらかがゴロゴロしていて、どちらかが家事をこなしていると、居心地が悪くなってきます。

だから、自分がしたいことは相手もしたいことであり、自分がしたくないことは相手もしたくないことだと認めることから始められるといいですね。

「妻は家事をするのが仕事だから、休日もやるのは当たり前だし、好きだと思っていた」

という意見をお父さんから聞くことがあります。

これは、ふた昔も前の古い考えです。そうした結婚生活〇十年の夫婦が、熟年離婚を迎えているのはご存じのとおりです。

子育ては、立派な仕事です。

さらに家事、と2つも妻が背負うのは負担が大きい。家事は家族全員でとり組むべきことです。

○ついケンカになってしまう理由

自分の理想の家族像を思い描いたら、次は相手に対して文句や要求ではなく、**望みを言葉にして話してみましょう。**

なりたい自分を言葉にできる親の会話を聞いて育った子どもは、**相手を傷つけずに、自分の意見をきちんと話す方法を身につけていきます。**

相手を傷つけずに自分の意見を伝えること。

これは、日本人はとても苦手です。

相手に気を遣いすぎ、自分の意見を言えない人がとても多いのです。

一方で、家族だからと、自分の意見をストレートに言い過ぎてしまい、

「口を開くと夫（妻）とケンカになる。だから話さない」

というご相談もよく受けます。
これは、一言めが、つい、**相手への要望**になっているからです。
要望は、裏を返すと、**相手のしていることを非難すること。**
つまり、

要望「家事を手伝ってほしい」＝非難「あなたはぜんぜん家事しないよね」
要望「やさしくしてほしい」＝非難「あなたはやさしくないよね」

となっているわけですね。
それでケンカになってしまうのです。

○正しい望みの伝え方とは？

もちろん、要望をわかってもらうことは大切です。
では、どう伝えたらいいのでしょうか。

あなたは望みを伝えるときに、

「あなたは、○○するべき」
「あなたは自分の時間があっていいわね」
「あなたは何もしないんだから」
「あなたも○○して！」

のように、伝えてしまっていませんか？

これは言われた側は、やる気になりにくい言葉ですね。

Ｙｏｕ（あなた）を主語にして話し始めると、相手を責めたり、勝手に相手を「○○な人だ」と決めつける言い方になり、要望は伝わりにくいのです。

しかも、決めつけた結果、本当にそういう人になり、理想の夫婦に変わるチャンスを逃してしまうのでやめましょう。

望みを伝えるときには、

「私はこんな夫婦になりたい」
「私は自分の時間をもちたい」
「たまには、土日はゆっくり朝寝坊したい」
「手をつないで歩きたい」

など、**I（私）を主語にして、自分の望みを話すことが大事です。**

要望や非難ではなく、自分の気持ちをうまく伝え合える夫婦は、相手の思いを考えているので、子どもも相手の立場に立って考えられる子に育ちます。

まとめ

- 相手の性格や能力を決めつけない
- 要望は「～をいっしょにしたい」と伝える
- 相手に考える猶予を与える言葉を使おう

03

大変なことは、言葉にしないと伝わらない

↓見えていないことを言葉にする大切さを知って育つ

自分の気持ちを言葉にできたら、次は、相手が想像できていない実情を言葉にしてみましょう。**大変なことを客観的に、お互いに見えるように話すことが大切**です。

夫婦で言葉を補ってお互いの立場を理解することで、子どもは、**言葉にして伝えることの大切さ**を学びます。

感情的になって解決しようとするのではなく、どういう状況なのかを客観的に見られるようになっていきます。

家事をふたりでしたいと感じたら、どのくらいの家事があるのか、言葉にしてみます。ノートに書き出してみるのもいいでしょう。

たとえば、「ゴミ出し」なら、

・ゴミ箱に捨てる
・分別する
・曜日を確認して、出すゴミを選ぶ
・各部屋のゴミ箱からひとつに集める

・ゴミをまとめて集積場に持っていく
・ゴミ袋をセットする

のように、作業をこまかく分けます。……わあ、けっこうありますね。

「名もなき家事」といわれている部分を言葉にしたり、書き出したりしたあとで、お互いがどれくらい担当しているのかを確認できると、どちらかにかたより過ぎていることが実感できます。客観的に状況を確認して、夫婦で共有しましょう。

つまり、**相手がしている細かい家事や子育て、仕事の大変さを想像して理解できることが大切**です。


たとえば「子どもをお風呂に入れる」。

これも、もっと具体的にします。

夫婦ふたりで行うのと、ひとりで行うのではずいぶん違います。

ひとりで子どもをお風呂に入れるときは、まずは、自分が服を脱いで子どもを脱がせ、お風呂で子どもを温めている間に、自分の体をささっと洗います。

子どもがお風呂に飽きないように工夫しながら体を洗い、湯船に浸かったあと、お風呂をいっしょに出ます。

自分は濡れた裸のまま、子どもが風邪を引かないように体をふいて、服を着せます。

これが毎日続くと、どうでしょう。

きっと「お風呂もゆっくり入れない」という不満につながりますね。

「僕は、子どもをお風呂に入れる担当です」と言うお父さんが多いのですが、じつは、妻が半分手伝っているから、うまくできている場合があります。

「夫は、子育てのいいとこ取りで、ずるい」と妻たちが言っているように、お父さんが子どもより先にお風呂に入り温まっている間に、

・子どもの服を脱がせて、お風呂に連れていく
・お風呂から出てきて走り回る子どもの体をふく
・風邪を引かないように、子どもに服を着せる

こうしたことを妻が担当していることを想像し、ひとりで子どもをお風呂に入れる大変さを想像できるといいですね。

◯お互いの1日を想像できる伝え方を

また、仕事が繁忙期のときは、「今日も残業!」ではなくて、「仕事のノルマがあって、来週まで帰宅が遅くなる。今プロジェクトを任せられて、がんばり時なんだ」

のように、**「現状の大変さ」や「期間」も含めて話す**ことで、相手も見通しが立てられます。ぜひ、仕事の大変さも家庭で話して相手に実情を理解してもらうところから始めましょう。

仕事のことは家庭にもち込まない、という人もいますが、ふた昔も前の話です。仕事の大変さや楽しさ、やりがいなども、家族に話して、子どもの職業観や仕事をする意義なども自然に育めるとよいですね。

「わかってくれているはず」「いちいち言わなくても自分ががんばればいい」は、やめましょう。

ある日突然、怒りが爆発してギクシャクするか、あきらめて一切会話がなくなる夫婦をたくさん見ています。

よくあるのは、「そのときに言ってくれればよかったのに」という意見。

もめないためには、まず、今自分がつらいと感じている状況を感じたそのときに、客観的に相手に伝えましょう。

まとめ

- 事実をぜんぶ話して、ふたりの課題にする
- 不満や疑問に思ったことは、そのつど話す
- 実情を伝えるときは、具体的にする

04

大変なときは頼ったほうがうまくいく

↓悩みを抱え込まず、話せる子になる

家事でも仕事でも、自分ががんばればいい、自分が我慢すればいい、とつい思いがちですが、これは、少なくとも夫婦間では間違いです。

ひとりでできることには限界があり、我慢の積み重ねは疲労感や虚無感につながるからです。

人に助けを求める力、人に頼る力は大切です。

お父さんとお母さんが頼り合うやりとりを聞いて育つと、子どもも問題を解決するために、**ひとりで抱え込まずに、「助けてほしい」と素直に頼れるようになります。**

頼っていい、話していいんだということをちゃんと実感しながら育ってほしいですね。

私たちの世代は「人に迷惑をかけるな」と育てられた人が多く、自分がどんなに大変でもじょうずに人を頼れない、理不尽な要求でも声をあげられない思考になっています。

子どもの行動も、人に迷惑をかけているのではないかとイライラしてしまう。

でも、よく考えてみると、生きているだけで迷惑はかけるものです。

それを認め、自分も迷惑をかけられても許せる「お互いさま」文化が育つといいなと思います。

だれかを頼り、頼られることも許せるようになると、頼られる喜びも分かち合えるようになります。本来、人は、だれかの役に立つこと、応援することに喜びを感じもの。

それは、生きるエネルギーにつながるはずです。


まずは夫婦からです。頼ってみましょう。

愚痴や自分の弱さを相手に見せたくない、という方は、まずは実情を話すところから始められるといいですね。

心の底では、夫婦はお互いに、相手のことをちゃんとわかりたい、相手に頼られたい、相手を応援したい、と思っているのですから。

◯相手が受け入れやすい頼り方とは？

頼るうえで大切なのは、わがままな主張や要求をするのではなく、**自分の大変さをわかってもらうこと。**

だから、

「ゴミ出しくらいやってよ、何にもしないんだから」

「君は1日中家にいてラクしてるんだから、仕事の大変さがわからないよ」

ではなく、

「これをひとりでぜんぶこなすのは、つらい。ひとりではできない。助けてほしい」

「仕事のノルマがあって、今月中に○○の実績をあげなくてはいけないから、今、大変だけどがんばってるんだ。愚痴を言ってごめん」

このように、自分の大変さを話して頼れるといいですね。

いっしょに協力して乗り越えよう、と相手が思えるように、できれば笑顔で説明できるともっといいですね。

◯〝ひとりじゃない〟と思えると気持ちはラクになる

ある女性が、自分の大変さを夫に話したところ、夫がはじめて里芋のお味噌汁を作ってくれたそうです。

そして、

「里芋の皮をむくと、本当に手がかゆくなるんだね。君はいつもこんな思いをしながら、作ってくれてたんだね。ありがとう」

と言ってくれたといいます。

夫の**実感からでた「ありがとう」の言葉**は、お味噌汁を作ってくれたことよりも、うれしかったそうです。

自分の大変さをわかってもらえることが何よりですね。

すぐに実践できなくても、「それは大変だね」と共感し合うだけで、気持ちがラクになることもあるでしょう。

無駄な家事や仕事そのものを減らす、電化製品を買う、という新しい考え方や解決法も浮かぶかもしれません。

大切なのは、**ひとりで抱えるのではなく、ふたりでいっしょに話しながら考えること**。

問題を明確にして、夫婦でいっしょに解決策を考えることです。

夫VS妻ではなく、夫婦VS問題という立場になることで、夫婦の絆も強まります。

まとめ

- 大変さを説明して相手の感情に訴えよう
- 問題は夫婦いっしょに乗り越えよう
- 頼り頼られる家族になろう

05

黙認ではなく「認める」こと

↓信頼されて人を動かせる子になる

さあ、ここまでのことをやっていただくと、「会話しなきゃ！」と意気込まなくても、会話が生まれているのではないでしょうか。

・自分の理想の夫婦像や願い↓目的（未来）
・自分の置かれている実情↓現実（現在）

これを夫婦ふたりで共有している状態です（これまでの相手の嫌な実情は過去のこと。この際目をつぶりましょうね）。

次は、ふたりでどのようにするのか、**「課題」**を見つけます。

とはいえ、ふたりで課題を決めたあとに、それができていないと「洗い物はあなたがやるって決めたのに、なんでやってないの？」と、自分の要望を通したくなりますね。

ですが、まずは、**「相手を認める言葉」**をかけましょう。

じつは、お父さんとお母さんが認め合う姿を見せることで、子どもは、リーダーとしての素養を身につけます。

これからのリーダーに必要な力は、自分の思いを相手に押しつけて貫き通すことではなく、自分の思いを貫くために、相手のよい点を素直に認め、自分の中にとり入れて成長できる**柔軟性**です。

リーダーの周りの人も、自分を認めてくれたリーダーを尊敬し、応援し、いっしょに成長していきたくなるはずです。

◯「認めているつもり」になっていませんか？

よく相手がやっていることを黙って許していることを「認めている」と勘違いしている方が多くいますが、これは違います。

認める、というのは、「黙認」ではありません。

たとえば、家事をしているときに、夫がスマホでゲームをしていたとき、本当はいっしょに家事をしてほしいのに、「まあ、少しくらいゲームさせてあげよう」と黙って見逃すとします。

そして、1時間経って夫がまだゲームをしていると、

「なんで自分ばっかりゲームしてるの？　手伝ってよ！　子どもの相手くらいしてよ」

と強い口調で非難してしまう。

このとき、妻としては、1時間もゲームを認めてあげたのに、という気持ちですね。

でも夫は、突然怒られた！　としか思いません。

このとき、どうすればよかったのでしょう？

この場合は、

「何してるの？　ゲーム？　楽しそうだね。私は料理するから、キリのいいところまで遊んだら、手伝ってね」

のように、まずは、**いったん相手がやっていることを認める言葉**（「ゲーム楽しそ

うだね」）をかけます。

そして、30分後に、

「まだ？　ひとりではうまくできないよ。手伝ってほしい」

のようにお願いをすると、相手も認めてもらったあとなので、今度は自分が相手のお願いを認める行動に出られるようになります。

黙認は効き目がありませんので、注意しましょう。

まとめ

- 黙っているだけでは、認めることにならない
- 認められると人は動いてくれる
- 相手を認められると、信頼される人になる

第2章
夫婦の会話を変えると、子どもはこう育つ

06

ケンカしても、仲直りまでちゃんと見せる

↓対話して問題を解決できる子になる

相手を認める言葉を選んでも、相手がすぐに変わるわけではありません。

自分が変わる、というのも難しいことですね。

だから、ケンカになってしまうことも、あると思います。


ここで、「夫婦ゲンカ」の意味を1度考えてみましょう。

相手のことを「非難して傷つけ合う」こと、なのでしょうか。

それは絶対しないほうがいいですね。

だれの前でも、建設的ではありません。

一方的に言葉や力で相手を傷つけるのは、ケンカではなく「暴力」です。

このような**言葉や力で傷つけ合う親のケンカは、子どもの脳にも大きなマイナスの影響があるといわれています。**


よく、子どもの前では絶対ケンカはしないほうがよい、といわれていますが、私は建設的な夫婦ゲンカは、時にはありだと思っています。

抑えられない感情に突き動かされて、自分の思いを叫んでしまうことがあったとしても、心の奥底で、理想の夫婦になりたい、お互いわかりあいたいと思い、エネルギーを使っているのですよね。

わかり合えると信じている前提があるからこそ、言いたいことを言えるケンカもあると思います。

◯ ケンカは「最後」が大切

ただ、子どもにとって大切なのは、**「ケンカをしたあと」**です。

夫婦ゲンカをした結果、何がわかり、今後どうするのかまでを、きちんと言葉で伝え合って、仲直りしたいですね。

そこまで、子どもに見せられるのが理想です。

「私は◯◯したいの!」

「ぜんぜんわかり合えないね」

ではなく、

「じゃあ、○○するのはどうかな」

「なるほど、それならできそうだね」

「感情的になってごめんね」

「わかり合えてよかった。言ってくれてありがとう」


というところまで見せることが大事。

子どもは、ケンカを見たことがないと、**正しいケンカのしかたがわからないまま成長します。**

自分の意見を通そうと、感情的に相手を非難して一方的な行いになってしまう。

それは、たんなるわがまま、もしくは、いじめです。

お父さんとお母さんが時には、感情的に思いを口走ったとしても、相手の言い分を受け入れ、**歩み寄って答えを出そうと努力する姿**を見ることで、子どもも、わがままやいじめではなく、自分の意見を伝えられるようになります。

どうしたら相手の思いを受け止められるのかを、考えられるようになるのです。

まとめ

- 言葉で傷つけ合うケンカはやめよう
- ケンカになっても、夫婦できちんと答えを出そう
- 話せばわかり合える姿を、子どもに見せよう

第2章
夫婦の会話を変えると、子どもはこう育つ

07

夫婦は本音を言える関係でありたい

↓TPOを考えてふるまえる子になる

裏表のない子どもに育てなければ、と思うあまり、「本音と建前があるのはよくない」と考える親も多いようです。

でも、家と外とで、言っていることが違っても、心配ありません。

建前は、相手への気遣いだったり、ルールだったりします。

相手に自分のことを理解してもらうためには、建前と本音をうまく使い分けることが、円滑な人間関係を構築するのにとても大切なことだからです。

とはいえ、円滑な人間関係を考えるあまり、建前だけで生きていると、自分の本心を出せなくなり、人と会話するのがイヤになってしまうこともあります。

だから、**家の中は、自分の弱さや本音を吐き出せる場であっていい**と思います。

お互いの弱い面を見たり見せたりすることで、不安になることもあるかもしれません。

でも、本来私たちは弱い部分をだれかに受け入れてもらうことで、バランスをとっているのです。

弱い部分を家で見せ合えるぶん、外に出たときに、強い自分や、あるべき役割を負えるのではないでしょうか。

だから、「いつも理想の父親であらねば！」「弱音は言えない」ではなく、「失敗しちゃった」とか、「でも外では、しっかりしたお母さんだよ」と思えることが大切です。

家で夫婦がお互いに失敗や弱音を言える姿を見て、子どもは安心します。

まずは、夫婦で**子ども自身が本音をちゃんと出せる場**をつくっていきましょう。

成長するにつれて、子どもはＴＰＯ（Ｔｉｍｅ〔時間〕、Ｐｌａｃｅ〔場所〕、Ｏｃｃａｓｉｏｎ〔場合〕）を考えてふるまえるようになります。

出かけるときは、親はお化粧をし、服を着替えて愛想よくすることや、電話のときは、話す声をいつもと変えて、ていねいな言葉で話していることなど、家と外での違いも子どもはちゃんと見ています。

時々、子どもが学校と家とでふるまいが違うため、「嘘つきになってしまった」と心配するお母さんもいます。

でも、それはちゃんと親を見て使い分けられるようになったのだと、ほめてあげてくださいね。

まとめ

- 家は弱音や本音を出せる場にしよう
- 本音を貫くために、建前を使い分けよう

08

悪口を言ったときは「いい面」も必ず言おう

↓自分なりの判断基準をつくれる子になる

私たちは「人の悪口は言ってはいけない」と教えられましたが、私は家族間では言ってしまうことがあってもいいのでは、と思っています。

・たまっていた気持ちを吐き出してスッキリできる
・わが身を振り返ることができる

といったメリットもあります。
そのぶん、外で悪口を言わずにすむのではないでしょうか。
とはいえ、やっぱり悪口にもルールは必要です。
家族の中では、次の4つのルールが大切だと思います。

①他人に言いふらさない
②一方的にSNSで広めない
③自分はどうするかを考える
④悪口の相手の「いい面」も考えてみる

とくに④の、**相手の「いい面」を見る**ことや、怒りが収まったときに**相手の立場を理解する言葉も添える**こと。

これができれば、問題ないでしょう。

子どもは、何が人を怒らせるのかを学び、自分はどうすべきかの自分の判断基準をだんだんつくれるようになります。

親にきつい言葉をかけられたり叩かれたりして、いいことと悪いことをしつけられるよりも、**日常の生活でお父さんとお母さんが感情的に話している言葉から、善悪を学ぶ**ことに注意しましょう。

くれぐれも、悪口だけで終わらないように、相手の立場を考える言葉を添えることが大切です。

◯相手の悪口から見えるもの

悪口を言うのは勇気がいることです。**自分の価値観を披露する**ことになるからです。

とくに夫婦間では、お互いに悪口を聞くと、相手が何に怒り、何が気に入らないのかを知ることになります。

たとえば、妻が

「A課長が、『子どもの病気くらいで休むなんてやる気がない』ってみんなの前で言うんだよ。許せない！　仕事できないうえにパワハラおやじ！」

と言ったとき、いったい何に怒っているのでしょう？

・大切なものに共感してもらえないこと（子どもの病気は一大事）
・仕事を大切に思っていることが理解されないこと（休みたいわけではない）
・恥をかかされたこと（みんなの前で言われた）

といったことが考えられますね。

これを聞いた夫は、さきほどの③の**「自分はどうする」かを考えるきっかけ**にしましょう。

この場合、夫は我が事として、「自分も部下にはそんなことは言わないようにしよう」と再確認します。そして、子どもが病気になったら、妻の気持ちに気づいて「僕が仕事休むからね」と共感できるようになるでしょう。

また、夫が、

「Bさん、家に帰ると妻が子どもにガミガミ怒ってるらしい。そんな妻は、イヤだよね。仕事がんばって、疲れて帰宅してまで……」

と言っていたら、そこにはどんな思いが込められているのでしょう？

・お母さんはおだやかでいてほしい（感情的なお母さんでは、子どもがかわいそう）
・家は癒やしの場所にしたい（家が殺伐としているのがいやだ）

のように、相手にどんな理想があるのかも、悪口からは見えてきますね。

そして、この言葉から、妻は、自分も子どもにイライラしないように気をつけなければ、と気づくでしょう。

夫婦で共感し合い、落ち着いてくれれば、「でも、上司として突然仕事を休まれるのは、困るのもわかる。ほかの人が迷惑してるから、代表して悪者になってくれているのかもしれない」「妻を怒らせる原因を考えないBさんも悪いよね」といった「いい面」や「別の視点」を言葉で補い、フォローができます。

ただ、悪口を聞いていた小さな子どもには、「人に言いふらさない、家族の秘密ね」と伝えておくことを忘れずに。

ポイント

- 相手が悪口を言う意味を考える
- 我が事として考えるきっかけにする
- つねに別の視点からも考えるようにする

09

言葉の裏の本音を ちゃんと受け止める

↓言葉を選んで話せる子になる

子どもの「イヤ」という言葉を聞いて、

「そう、イヤなのね。イヤならやめなさい！」

と返しているお母さんをよく見かけます。

じつは、子どもの「イヤ」にも、さまざまなバリエーションがあります。


「今は、イヤ」

「ひとりではイヤだけど、お母さんといっしょならやってみる」

「みんなの前ではイヤだけど、だれもいなければやってみたい」

「ずっとはイヤだけど、1回だけならやる」


このように、いろいろな思いがあるのですが、子どもはうまく表現できません。

今まさに、自分の思いを表現するぴったりな言葉を学んでいる途中だからです。

親が言葉を補って会話をすることで、子どもも本心を表現する言葉を学びます。

あなたは、ふだんの相手の言葉から、どれくらい相手の思いを想像し、言葉を補って会話ができているでしょうか。

◯想像で会話を終わらせないこと

たとえば、あなたが相手に、「帰りに牛乳買ってきて？」と頼んだとき、「えっ！」と言われたとします。

あなたなら、この「えっ！」をどう受け止めますか。

・牛乳がイヤなのかな？
・めんどくさいんだね
・びっくりしてるけれど、買ってきてくれるってことだよね
・自分で買うからいい
・「ハイ」って言えばいいのに

いろいろな受け止め方があると思います。本音は、本人にしかわかりません。

でも、たしかめるために、会話があります。

勝手に想像して、コミュニケーションをやめたり、相手に失望することは、愚かなことですね。

だから、こういう反応をされたあと一方的に腹を立てて、「もういい」で終わらせず、

「今日は忙しいの？　スーパーで買って来れそう？　11時まで開いてるから」

のように、相手の立場に立って、**言葉を足して会話をする**ことが大切です。

夫婦の会話でもお手本を見せて、ぴったりな言葉で表現できる子どもを育みましょう。

ポイント

- 相手の言葉をそのまま受け止めない
- 相手の言葉から悪い想像ばかりしない
- 会話で相手の思いをたしかめる

10

〝相手が言われたい言葉〟で会話する

↓思いやりのある子に育つ

妻が、夫のイヤなところのひとつに、「ありがとう」を絶対に言ってくれない、というのがあります。

夫婦間でつねに「ありがとう」を言っていれば、子どももありがとうが言えるようになります。

だから、子どものために、妻は夫に対してこんな工夫をするそうです。

・自分（妻）がお手本を見せて、必ずそのつど「ありがとう」を言う
・夫が「ありがとう」を言うまで、渡したカップをはなさない

でも、言えるようにならない、と不満が続出です。

これをお父さんの講座で話すと、夫たちは、「そういうことなの？」と驚きます。

家で「妻にしてもらうこと」が当たり前すぎて、気づいていなかったのです。

一方で夫たちは、

『ただいま』と玄関のドアを開けたら、『今日も1日家事をしてくれてありがと

う！』と両手を広げて言うことを、妻に要求されていると思っていた」

と、言います。

そこで、お母さんの講座で、「〝夫が妻に言われたい〟ありがとう」を、ちゃんと言っているかどうか、妻の方々に考えていただきました。

その結果、夫が妻に言われたいのは「今日も1日仕事をしてくれてありがとう！」だと気づき、自分が言ってないから夫も言わないんだ、とわかったのです。

つまり、「夫が仕事をすること」が当たり前すぎて、妻も言えていなかったのです。お互いさまですね。

お互い当たり前だと思っていることは、相手に感謝を言えていない。

「自分が言われたいこと」を要求するのは、相手の立場を想像できていないことだ、と謙虚になることから始めたいですね。

さて、ここからは夫婦がお互いに言われたい言葉を発表していきましょう。

たくさんの夫婦から、うれしかった言葉、言われたい言葉を聞きました。

○妻がうれしい言葉1位
「(代わりに)やっておくよ」

妻の私がやらなければ、と気になっていること(家事や、子育て)を夫が「やっておくよ」と言ってくれることは、妻にとってはとてもうれしく安心できるものです。

「たまには、ゆっくりしなよ」「つらいなら少し休んだほうがいいよ」はNGです。これは、一見思いやりの言葉に聞こえますが、じつは、妻を逆にイラッとさせます。

休んだら、片づけなければならない家事や育児がたまる一方だからです。

ですから、思いを伝えるためには「代わりに○○をやっておくよ」を付け加えます。

たとえば、

「**子どもを公園に連れて遊んでくるから、**たまにはゆっくりしなよ」
「**後片づけと買い物をしておくから、**早めに休んだほうがいいよ」

「夕食は何がいいかな。**僕が作るから、**お母さんとピアノの練習がんばって」

など、妻に家事の負担が減ることを感じさせる言葉が大切です。

しかも、黙ってやるより言われてからやるほうが、妻も予定が立てられるので安心できます。

妻がやってほしいことを聞きながら、「いまやってほしいことを教えて。それをやっておくよ」や、「これはどうすればいい？」は、かなりポイント高めです。「洗濯しておいたよ」より、「これとこれは、先に手洗いした方がいい？」など、妻のやり方を尊重しながら家事をすることで、妻の「負担感」は減り、夫の家事能力が上がります。

夫が勝手に、家事や子育てをよかれと思ってやるより、妻が今、どの家事を手伝ってほしいのかを相談しながら、優先順位をつけてやるほうが、妻はとても喜びます。

◯妻がうれしい言葉2位「〜をいっしょにしよう」

いっしょに子育てと家事をしようという夫の意識は、家族を育むチームとして信頼を生みます。妻だけに負担感があると、イライラさせてしまうからです。

「夕食何？　早く作って」と当然のように言われるよりも「いっしょに料理しよう。何にしようか」と言われれば、妻も夫のやる気を感じます。

いっしょに料理をしなくても、材料を出したり、テーブルをふいてお箸をセットしたりするなど、どちらかが家事をしている間に相手も別の家事をします。妻にとっては、**夫婦がいっしょに家事に向き合っている感じがいい**のです。

じつは、自分が家事をしているときに、夫がいつもスマホやゲーム、テレビを見てくつろいでいることにイラッとする、と答える妻の割合がかなり高いので注意。

ふたりで家事を終えたあとに、いっしょにくつろぐことができたほうが、妻はうれしいのです。

○妻がうれしい言葉3位「こんなに大変だったんだね。ありがとう」

共感と感謝の言葉は、やっぱり、うれしいですね。

とくに、実際にその大変さを実感して出た言葉は、妻を幸せな気持ちにさせることができます。

大げさに構えなくても、大丈夫です。

たとえば、大根や白菜などが入った買い物袋を代わりに持って、

「重たいね。毎日こんなに重いの持ってるんだね。しかも、子どもも連れて大変だね。毎日ありがとう」

でいいのです。

では、次は夫が妻に言われたい言葉を発表していきましょう。

○夫がうれしい言葉1位「今日も1日お仕事お疲れさま」

夫が妻に言われたい言葉、ナンバーワンです。書いてみると、ふつうのことですね。

もしかしたら、当たり前すぎて、言えていないのではないでしょうか。

そうです。妻も同じですね。

毎日家事や子育て、仕事をして当たり前と流さず、認めてほしい。夫婦だからこそ、お互い認め合いたいのですよね。

自分が言えていないのに、相手にだけ求めてしまいがちです。夫婦はお互いさま。自分の要求は相手の要求と同じことを、もう1度思い出したいですね。

○夫がうれしい言葉2位「毎日ありがとう」

やっぱり、感謝の言葉は、うれしいですね。

夫が仕事に行く、家事をするなど、妻からすれば当たり前のことも、ちゃんとわかってる、感謝している、という気持ちを言葉で伝えることは大切です。

妻の中には、言われないのに自分だけ言うのは癪《しゃく》にさわる、という意見もあります。

でも、妻の「ありがとう」で、夫の仕事のパフォーマンスが、格段に上がるという研究結果も出ています。

夫婦で、家族をつくっていけるといいですね。

○夫がうれしい言葉3位「やっぱり頼りになるね」「あなたでよかった」

「あなただから」という言葉は、夫にとって、とてもうれしいものです。

男性は、仕事がどんなに大変でもどんなにつらくても、妻や家族にそのことを話すことは苦手のようです（私は話せばいいのに、話したほうがうまくいくのに、と思っていますが）。

どうせ妻に何を言ってもわからないと思っているのかもしれませんが、そんな妻にこそ、夫はいちばん認めてほしいと思っていることもたしかです。
「後片づけありがとう。やっぱりあなたは頼りになるね」と、あなただから幸せ、という言葉を日頃から伝えられるといいですね。

相手が喜ぶ言葉ってなんだろう？　と、珠玉の一言を言おうと構えるより、毎日の当たり前の言葉のほうが、ずっと大切でうれしいのだなあと、あらためて思っています。

そして、そんな言葉をさらっと毎日言える家庭で育った子どもは、幸せなのではないでしょうか。

まとめ

- 相手に求める前に、自分ができているか考えよう
- 相手が言われたい言葉を知ろう
- うまい言葉よりも、ふだんの言葉で感謝を伝えよう

11

金額だけでモノの価値を判断しない

↓自分の「幸せの基準」を見つけられる子になる

夫婦で買い物をしたり、旅行をしたり、子どもの習い事などを決めるとき、何を基準にしますか。

値段がひとつの基準になると思いますが、高い・安いだけでモノの価値を判断するのではなく、**さまざまな基準があることを話せるといいですね。**

新しい時代を生きる子どもは、新しい価値観を身につけていくことがとても大切です。そうすることで、ひとつの価値観にしばられず、多様な考え方を受け入れられるようになります。

古い伝統を継承していくことも大切ですが、お父さんとお母さんが、今の生活を大切にどう家族をつくっていくのかを見ることは、未来の家族観を育むことにつながります。

たとえば、子どもの前で、お父さんは、「家事代行を使ったらお金がもったいない」と言うけれど、お母さんは、「家事代行を使って体力と時間を有効に使おう」と言うなど、「値段」を基準にするのか、「時間や体力」を基準にするのがいいのかなど、ふたりで意見を出して、判断基準はいろいろあることを考えられるといいですね。

家事に時間と労力をとられるより、文明の利器をうまく使って、そのぶんの時間を家族の笑顔に使うこともありだと思います。

イライラしながら家事を完ぺきにこなすより、お惣菜を買ったり、乾燥機つき洗濯機や、食洗機、お掃除ロボットをうまく使ったりして、にこにこ家族で過ごす時間があってもいいのではないでしょうか。

もちろん、料理が好き、洗濯が好きという人は、それをやめるほうがイライラするので、別の価値基準を考えてみましょう。

家事というと女性が得意な印象がありますが、意外に男性も、斬新なアイデアをもっているようです。

・紙皿、割り箸を使って、洗い物を出さない
・洗濯物は畳まず、各自の引き出しにぽんぽん入れる
・新聞を電子新聞に替えて、古新聞を出さない

・子ども用品はレンタルして、物を持たない
・飲料品や根菜類など重い物は宅配で頼む

夫婦に合った方法を見つけることは楽しくて、省力化につながりますね。

そして何より、いっしょにどういう生活をしたいのかを夫婦ふたりで話し合うことは、**お互いの大切にしていること、ゆずれないことを知ること。**

どんな夫婦になっていきたいのかをいっしょに考えていくことです。

まとめ

- 値段だけではなく、いろんな視点で考えよう
- イライラするより楽しく過ごせる方法を考えよう
- お互いのゆずれないことを知っておこう

12

世間体よりも家族を大切に

↓子どもの中に、あたたかい「結婚観」が育つ

つい日本人は、身内を悪く言う文化にしばられていますが、これからは夫婦でタッグを組んで、家族を守り、つくっていく時代なのではないでしょうか。

外面がいいより、家族を大切にするほうが、家族みんな心地よく、強くなれると思います。

夫婦で食事にでかけたときに、店員やほかの家族を気遣うあまり、自分の家族をないがしろにしてしまう人がいますが、もったいないですね。

食事の席で、「これはなんですか？」と店員に尋ねた妻に、

「君はそんなことも知らないのか。恥ずかしいから聞くな」

と言っているような夫の言葉。

また、みんなの前で、

「あなたは空気読めないんだから、しゃべらないで」

というような妻の言葉。

この言葉のほうが恥ずかしいですし、空気を読めていませんね。

店員に変な気を遣うより、いっしょに説明を聞き、食事を楽しめる夫婦でありたいですね。

どんなときも、夫婦は、お互いの味方であってほしいと思います。

晴れの場で、「愛する妻のおかげで」「愛する夫の支えがあって」とお互いを大切にしているほうが、ずっとすてきに見えますし、家族に愛されることで、家族もより強くなれます。

そんな姿を見て育った子どもは、あたたかい結婚観を育むはずです。

そして、自分も家族を守れる強い大人に育つでしょう。

まとめ

- 家庭の中で将来の「結婚観」が育まれる
- 家の外でも家族を大切にする言葉を選ぼう
- 家族いっしょにいる時間を楽しもう

第3章

“ありのまま”を認めると、夫婦関係も子育てもラクになる

親の役割は「自己肯定感」を育むこと

さて、この章では、子育てをしていくうえで大切な、親子や夫婦の少し深いお話をしていきましょう。

あなたは、親の役割は何だと思いますか？

・子どもにとって安全で、安心できる環境を整えること
・子どもに愛情を注ぐこと
・子どもに規則正しい生活をさせること

どれもとても大切ですね。親子の数だけたくさんあると思います。

では、そうするいちばんの目的はなんでしょうか。

それは、子どもの**「自己肯定感を育てる」**こと。これが親がすべきいちばん大切なことです。

ご存じの方も多いと思いますが、大切なことなので、少しお話しさせてくださいね。

自己肯定感とは「私は私だから大丈夫」「僕は必要とされている」「私は愛されている」「僕は自分のことが好き」と思える強い心のこと。自分らしく生きていく土台となる、とっても大切な力です。

「自己肯定」というと、ポジティブ思考の自信にあふれた人をイメージする方もいらっしゃいますが、そうではありません。

〝欠点と思われる部分〟も含め、そのままの自分を「認める」こと。長所はもちろん、欠点も含めたそのままの自分を受け入れ愛することです。

◯自立するために大切なのは「自己肯定感」

自己肯定感が育まれると、

・はじめてのことに挑戦できる力
・壁を乗り越えようと努力できる力
・相手の立場や気持ちを想像して考える力

この3つの力が発揮できるようになります。自分の頭で考え、自分で人生を切り拓《ひら》く、**自立した人になっていく**わけですね。

ところが、海外の先進国に比べて、日本の子どもは自己肯定感が圧倒的に低いというデータが出ています。

日本の子どもの半数以上が「自分に自信がない」「自分に価値があるとは思えない」と答えているのです。とても悲しいことです。

自己肯定感が低いと、「私なんて」と自分の考えを主張できず、「あの人の言うことのほうが正しいのかも」と人の言動にふり回され、「言われてやったのに失敗した」と人のせいにして、苦しみから逃れようとしてしまう。

その結果、自分の人生を歩めなくなってしまいます。自分で自分を認められないぶん、「もっと私を見て、もっとほめてほしい」と虚勢を張ってしまう。

本人もつらいのですが、周りもとても大変ですね。

ですから、子どもの自己肯定感を育むことはとても大切な親の役割なのです。

怒らないとできないのは「器」が育っていないから

私は講演で、自己肯定感のことを「器」と表現しています。

子どもに身につけさせたい知識や情報、社会のルール、他者とのコミュニケーション力などを「お水」とするなら、それを受け入れるのが自己肯定感である「器」です。

もちろん、この器はなるべく大きくて、深くて、丈夫であってほしいと願いますよね。

ところが、日本のほとんどのお父さんお母さんは、器を大きくする前に、お水を入れることに一生懸命です。

親が望むお水を選んで汲《く》んで器に入れようとする。

でも、まだ器が小さいため、あふれ出てしまう。そして、また汲んで注いで、ジャージャーあふれさせて……とヘトヘトになっているお父さんお母さん。

入らないことにイライラして、「何度言ったらわかるの！」「どうしてできないの！」と怒ってしまう。

お水は、子どもが自分で探し選んで汲んで注いで、はじめて力を発揮します。

これが、子どもが**「自分で考えて行動できる」**ということです。

だから、親がすべきことはお水を注ぐことではなく、器を大きく育てることです。


そして、この器を育む方法は、ただひとつ。

毎日の「親の言葉」なのです。

毎日のお父さんお母さんの言葉によって、長所はもちろん、欠点も含めて、「自分は、ありのまま認められている」「自分は丸ごと愛されている」と実感することができるようになります。

そして、「僕は僕だから大丈夫」と感じて、子どもの自己肯定感はどんどん育っていきます。


だから、まずは、親の言葉で子どもの「器」を育む。

そのあとで、社会のルールや知識という「水」が入るのです。

この順番で、言葉をかけていくことが大切です。

子どもの自己肯定感を育むことは、お父さんお母さんが連携してとり組むべき一大事業です。

長い人生、たくさんのお水を入れられるように、大きい器を育むのが親から子どもへの贈り物ですね。

自己肯定感を育む
親の言葉とは？

では、自己肯定感を育む親の言葉とは、どんな言葉でしょうか。

1章でもお伝えしましたが、

「片づけなさい」

「大声出さないで」

「『ありがとう』は？」


親がよく使うこうした言葉は、すべて間違いです。

指示や禁止の表現は、自己肯定感の成長を阻む言葉の代表例です。


自己肯定感を育む親の言葉とは、「子どもを認める言葉」です。

では、「認める言葉」っていったいなんでしょう。

それは、**「否定しない言葉」**です。

子どもを否定する親なんていないよ、と思われると思いますが、多くの親は教えているつもりで、じつは否定する言葉をたくさん使っているのです。

たとえば、お花の絵に色を塗っている子どもに、

「お花をよく見て。そんな色じゃなくてピンクでしょう」

と言う。

公園でみんなが元気に遊んでいる中、ずっとアリを見ている子どもに、

「アリをボーッと見てるより、みんなと遊んだほうが楽しいよ」

と言う。

男の子とばかり遊ぶ女の子に、

「女の子なんだから、女の子といっしょに遊んだら」

と言う。

このように、

「そうじゃなくて、こうでしょう」

「それは違うでしょ」

「どうしてそうなの？」

という言葉をかけてしまう。

これでは、子どもの自己肯定感は育まれにくくなるでしょう。

まずは、自分の好きな色を塗っている子どもに、認める言葉をかけましょう。

アリをずっと見ている子どもに、認める言葉をかけましょう。

男の子とばかり遊ぶ女の子に、認める言葉をかけましょう。

子どものすることや言うことを否定せずに、そのまま認めることからスタートです。

親が教えて言うことをきかせることが目的ではなく、子ども自身が自分で考えて行動できるように、「器」を育むことが大切です。

「認める」と「ほめる」の違い

「認める言葉」と一口で言っても、とても難しいですね。でも、とても大切なので、もう少しくわしく見ていきましょう。

「認める」と「ほめる」はどう違うのでしょうか。

よく「子どもはほめて育てましょう」とか『ほめる』と『叱る』の割合は、7対3にしましょう」などと世間ではいわれています。

ところが、ほめ方を間違えると、じつは逆効果なのです。

なぜなら、**親が子どもを「ほめる」ことは、時として「叱る」ことと同じくらい、子どもを親の意図する方向に動かす力をもつ**からです。

こんなおもしろい実験を、監修してくださった汐見先生からうかがいました。

いつも叱ってばかりいるお母さんに、先生は「この1時間、いっさい叱らずに、お子さんと遊んでください」とお願いをしたそうです。

すると、最初の30分は、お子さんは「どうしてお母さんは、怒らないんだろう？」と様子をうかがいます。

そして、叱られないことを悟《さと》ったあとは、遊び方をいろいろ工夫して、とてものびのびと新しい遊びを生み出して楽しんだそうです。

実験後、このお母さんは、

「この子にこんな力があったなんて！　私が叱ることで、その芽を摘んでしまっていたんですね。これからは叱らずに子育てしていきます」

と涙をこぼされたそうです。

一方、いつもほめる子育てを心がけているお母さんにも、「1時間、いっさいほめずに、お子さんと遊んでください」とお願いしたところ、最初の30分、やはりお子さんは「どうしてお母さんは、ほめてくれないんだろう？」と様子をうかがっていました。

ほめてもらえないことがわかると、子どもはどうしたと思いますか？

なんと、お母さんが想像できないような新しいことに挑戦して、夢中になって遊んだのです。

実験後、このお母さんは、「この子にこんな能力があったなんて、びっくりです！

ほめることはいいことだと思っていましたが、私の理想を押しつけてしまっていたんですね」と涙を浮かべ、考え込んでいらしたそうです。

親はほめて子どもの能力を伸ばしているつもりでも、子どもが**「本当にしたいこと」**や**「本来持っている力」**を否定してしまっていることがあります。

子どもは、親にほめられたくて、自分のしたいことよりも親が望むことを一生懸命にやろうとしてしまうからですね。

親にとっては嫌なことや無駄に思えることも、子どもの視点や違う角度で見ることで、子どもの素晴らしい力を発見することにつながるのです。

だから、まずは、**子ども自身の中にある力を信じて、親は「そのまま認める言葉」をかけていくことが大切**なのです。

「認める」とは、相手の立場にたって想像して言葉をかけること。

子どもをそのまま認めることは、親の想定を超える子ども自身の力を引き出し、考える力を育みます。このくり返しで、「器」がぐんぐんと育まれていくのです。

夫婦でも認め合うことが大切なワケ

さて、「認める言葉」の大切さはわかっても、すぐに実践するのは難しいと感じませんか。

そうなのです。なぜなら、**私たち親自身が、親から認める言葉で育てられた世代ではない**からです。

親からは「そんなことしないで、こうしなさい」「お前の意見は聞いてない」「そんなことしたら失敗するぞ」と言われ、黙って親や先生や上司の言うことを素直に聞くことが〝お利口さん〟と言われた時代です。

でも、今は子育てや教育の転換期です。1章でもお伝えしたとおり、指示されたとおりにできる子に育てる時代から、自分で考えて行動できる子に育てることが求められる時代になりました。

そのためには、親が認める言葉を体得していかなければなりません。

もちろん、どの言葉が認める言葉になるのか、ひとりでは迷うこともあります。

でも、夫婦ふたりでなら、協力し合って、認めて、子どもの「器」を育むことができるはずです。

夫婦自身がお互いを認める言葉で変わることを体感することで、子どもへの認める言葉もわかるようになるのです。

◯「認める」ことを邪魔しているもの

とはいえ、毎日の生活で行うとなると、とても難しい、というお父さんお母さんたちの悲鳴が聞こえてきます。

認めることは、子どもに対してだけではなく、自分自身や夫婦どうしでも日頃から意識していないと、なかなか難しいものなのです。

その認めることを邪魔しているのが、自分の中にある**「私の常識」**。

つまり、**「○○すべき」**という思考です。

あなたは

「手作りの料理を毎日作るのが、立派な母親」

「自分の感情にふりまわされないのが、いい父親」

といった、自分の中にある〝完ぺきな〟母親像・父親像にしばられてしまっていませんか？

親なのにきちんとできない自分にがっかりしたり、きちんとせねばと考えるあまり、イライラして怒ってしまって自己嫌悪に陥ったり……。

まじめで一生懸命な親ほど、子どもに対しても同じように**「子どもは○○するべき」という考えになり、子どもの個性に気づきづらくなりがち**です。

あるお母さんから、

「なるべく、子どもを認める言葉をかけています。たとえば、病院で大声出しても『大声出せることは本来、素晴らしいね。でも、ここは病院だから気をつけようね』みたいに。でも、宿題をしないわが子を、どうしても認められません。なんて言葉をかけたらいいでしょうか」

という質問がありました。

あなただったら、子どもにどう認める言葉をかけますか？

「宿題をしなくて、えらいね」と言うのは、おかしな話ですよね。

じつは、この場合、**「宿題をするか・しないか」という親の視点でしかわが子を見ていない**、ということが間違いなのです。

子どもは宿題をせずに、いったい何をしているのでしょうか。

こう聞くと、「本を読んでいます」「ゲームばっかりやっています」と言い、ハッとするお母さんがいらっしゃいます。

そうです。それを**言葉で伝えていないのですね。**

「夢中になって本を読んでるね」

「ゲームおもしろそうだね、すごい集中力だね」

このように、**子どもをよく見て、子どもの立場で伝えることが「認める言葉」**です。

お母さんの中で、「黙認」して認めているつもりでも、子どもにとっては、認められていないので注意しましょう。

◯家族みんなのがんばりを認める

また、あるお母さんからは、

「うちの子は、何もしないでボーッとしてゴロゴロしているだけです。それを認めていいのでしょうか」

とさらに悲しい質問が……。

あなたなら、何と認める言葉をかけますか？

親にはボーッとしているように見えても、子ども自身は学校で今日あったイヤなことも含めいろいろ考えて、明日に活かそうとしているのかもしれません。

だから、まずは、

「今日も学校で1日がんばったね。お母さんも1日がんばったから、ふたりでちょっとゴロゴロひと休みしよう」

という、言葉をかけてみる。

お母さんも、今日1日仕事やPTAなどでトラブルを必死で解決して、急いで買い物を済ませて洗濯物とり入れて夕食の準備して……やっと、ちょっとひと休み。

そのとき、帰宅した夫に、

「ソファーでごろごろしてないで、早く夕食作って。おれは疲れてるんだ」

と言われたら、「えっ、私だって大変だったんだよ！」と思いませんか。

でも、もし夫が、「君も今日1日大変だったんだね。僕もクタクタだから、ふたりでちょっと休憩してから、料理しよう」と言ってくれたら、元気が出ると思いませんか。

子どもも、同じです。

認める言葉をかけてもらったあとだと、お母さんは自分の気持ちをわかってくれたと思って、元気に宿題にとり組むでしょう。

子どもを認めるのはいちばん大切なことですが、それと同じくらい、**パートナー**

や自分自身も認めていく。

黙認でも放任でもなく、言葉で伝え合っていくことが大切です。

子どもは、親どうしが認め合う姿を見てはじめて、自分や他人を認めることを学ぶのです。これが、子どもの「器」を育むことにつながります。

器が十分に育まれれば、宿題をはじめ、自分がすべきことを自分で考えてできるように必ずなります。

育った「器」には、お水が入るからです。

親が知らないところで、
子どもは育てられている

認める大切さの話をしていると、「子どもの言うことをすべて認めていたら、わがままな子に育つのでは？」と質問を受けることがあります。

不安になる気持ち、とてもよくわかります。私も以前はそう思っていました。

あるとき、私の娘が、

「お母さん、2階からセーターとってきてくれる？」と言うので、「いいよ」ととりに行きました。セーターを渡したら、

「ありがとう。ごめん、靴下もとってきて」

と言うので、「いいよ」と、またとりにいって渡しました。

すると、

「お母さんってすごいよね！　いつでも『いいよ』って言ってくれる。ふつう、お母さんだったら、『自分でとりに行きなさい！』って頭ごなしに怒ると思うんだよね。私が何かほしいって言ったときも『いいよ』、何かをやめたいって言ったときも『いいよ』って話を聞いてくれるよね」

と言いました。

そう、娘は私のすることが当たり前だと思っていたわけではなく、いつのまにか〝一般的にお母さんがよくすること〟との違いをちゃんと知っていたのです。

親が見ていないところで、子どもはいろいろな人とかかわり、さまざまな体験をしていることに、あらためて気づかされました。

親の中では子どもに対して、「認める」と「叱る」の割合を7対3にしてバランスをとっているつもりでも、子どもの視点で見ると違うことがわかります。

子どもの時間が10とすると、親と接している時間は、1日の中で3割くらいに過ぎないのではないでしょうか。あとの7割は、学校や仲間と社会で過ごす時間です。

その7割が、すべて子どもが自己肯定感を育める時間になっているでしょうか？

では、今日1日の子どもの生活を想像してみましょう。

クラスの班分けで、ひとりとり残された。

委員決めで勇気を出して立候補したのに、選ばれなかった。

絵を描くのは自分がクラスでいちばんうまいと思っていたけれど、友だちのほうがみんなに絶賛されていた。

帰り道に仲間と笑いながら歩いていたら、「道で広がって歩くな。邪魔だ、どけ」と自分だけ怒鳴られた。


こうして、子どもはボロボロになって家に帰ってきます。

どれも、けっして直接否定されているわけではありませんね。

でも、少しずつ傷つき、悔しかったり、悲しい思いをたくさんしたりして、やっと家に帰ってくるのです。

そのとき、せめて、親だけには、丸ごと認めてもらったっていいじゃない！　と思うのです。

子どもは叱られ、挫折し、そして、認められ、ほめられて、自立していきます。

子どもは親だけに育てられているのではなく、学校や友だち、地域、みんなに育ててもらって、バランスよく育っているのです。

1日の残りの3割、全力で認めてほめる役割を、親が担ってもいいのではないか、と私は思うのです。

夫婦で意見が違うときはどうする？

夫婦で意見が違っても大丈夫、子どもは多様な価値観をもてるようになる、と第2章でお伝えしました。

自己肯定感を育むためにも、夫婦で意見は違っていいのです。

先日、若い夫婦が子どもをインラインスケートに挑戦させているのを見かけました。

あきらかに子どもは怖がっているのですが、手を引っ張って、「やってみて」とふたりでなんとしてもやらせようとしています。

親は「やる前から怖がってどうするんだ！」とだんだん、顔も口調も険しくなっています。こうなったら、子どももかたくなです。

結局、お父さんもお母さんも「おまえは臆病者だな」とつぶやいて、帰って行きました。うなだれた子どもの背中……。

ふたりで同じことを言うのではなく、どちらかが、子どもの思いを受け止め、認める言葉をかけていたら、結果は違っていたのではないでしょうか。

この後の子どもの将来も変わるでしょう。

転んで擦り傷ができたとき、

「痛かったね。ちょっと休憩しようね」

と手当てをするお母さん（お父さん）と、

「大丈夫大丈夫、それくらいの傷、平気だよ」

と背中を押すお父さん（お母さん）。

両方を受け止めて、子どもは強く、成長していきます。


私たちも、何か失敗したとき、その原因を理詰めで分析され叱咤激励されても、もやもやした気持ちが晴れないことがありますよね。

くやしい、悲しい気持ちを「そうだよね、わかるわかる」と、うなずきながら聞いてもらうことで、立ち直れることもあります。

お母さんもお父さんもどちらも、子どもを励まし、もう1度やる気にさせようという思いは同じ。

でも手段は、いろいろですね。

お父さんとお母さんで意見を一致させてタッグを組むことはとても大切ですが、それは、子どもの自己肯定感を育む、という目的でなくてはいけません。

そのための「言葉かけ」という手段は、性格や状況に合わせ何通りもあるべきだと思います。

「完ぺきな親」ではなく「補い合う夫婦」でいる

「怒らないから言ってごらん」

と子どもに言っておきながら、あとでこっぴどく怒ってしまった。

「子どもなんだから自由に遊びなさい」

と言ったのに、いつのまにか、

「子どもは勉強するのが仕事。遊んでばかりじゃバカになるわよ」

と怒っている。


あなたは、このように矛盾することを言ったことはありませんか？

どれが、あなたの本当の気持ちなのでしょう。


矛盾の話をすると、「子どもにすごく怒ってしまったあと、反省して、『怒りすぎて悪かった。ごめんね』とすぐに笑顔で謝るのは矛盾でしょうか」と、ご相談を受けることがあります。

これは、怒りも反省もその人の**素直な気持ち**なので、反省をしていることを伝えられれば、問題ありません。

つまり、言っていることそのものが、**本人の中で本心と違う場合に矛盾が生まれ、子どもを混乱させます**。

その結果、子どもは、正しい判断ができなくて、「自分は悪い子だ」と思い込んでしまうのです。

大人は、社会に出たら矛盾だらけの中で、折り合いをつけて生活していけます。でも、子どもは、大好きな親に言われたことに、応えようとするものです。健気です。

親は立派で絶対に間違わない存在なのだ、と信じているのですね（そんなことないのに）。

いろいろな価値観に触れて矛盾を理解していくとはいえ、親の矛盾した言葉にふり回され、悩む子どもも意外に多いものです。

とくに、**子どもが親の支配下に置かれている場合**です。

最近は、暴言や涙を使って子どもを所有物のようにコントロールする「毒親」が問題視されていますね（すごい命名ですね）。

子どもを支配下に置いてしまうのは、親自身が自立できず、子どもに依存することで自分の不安を取り除こうとしてしまうからです。

親にすべてを決められ、コントロールされて育てられると、**子どもは親を喜ばせることや怒らせないことが、行動の判断基準になります。**

親の望む人生を歩もうとするあまり、自分がしたいことや自分の好きなことが、わからなくなってしまうのですね。

◯自分の「素直な気持ち」に気づいていますか？

子どもを育ててはじめて、自分自身が「毒親」に育てられたことに気づくこともあります。

それほど、子どもは親の考えが間違っているのを疑わずに育ってしまうのですね。

親自身が、自分の素直な気持ちや矛盾にも気づいていない場合も多いのです。

子どもの人生に自分の人生を重ねて押しつけるのではなく、子どもは子どもの人生、自分は自分の人生を歩みたいですね。

そのためにも、時には子育てから離れて、「私」をとり戻す時間や空間を手に入れてもいいと思います。

自分ひとりで子どもの人生を背負い、世間的に完ぺきな親であろうとすればするほど、肩に力が入ります。

一生懸命になるあまり、自分の素直な気持ちに気づかず、子どもに矛盾したことを言ってしまうのですね。

だから、自分ひとりの中の矛盾で子どもを混乱させないように、**夫婦で補い合うことは、ますます重要**ですね。

お母さんは、そう言ったけれど、お父さんはこう言っている。
お母さん　はこれをすると喜ぶけれど、お父さんはそうでもない。
みんなそれぞれ違う考えをもっていいんだ。

どちらかに従わなくてもいいんだ。

そう子どもが家庭の中で思えるようにする。

お父さんお母さん、ふたりの視点が入ることで、**だれかひとりの考えに依存することなく自分の視野を広げ、自身の考えを育むことになる**のです。

夫婦の違いを活かし
〝発想の種〟を育てる

コミュニケーション講座で私は、会話の**「目的」**と**「話題」**は分けて考えましょう、といつもお伝えしています。

目的と話題がごっちゃになっているため、目の前の「話題」に固執して「目的」を見失うことがよくあります。

たとえば、夫婦で結婚記念日をお祝いするために、レストランに行ったとします。出された料理の作り方について、夫婦で意見が分かれ、お互いゆずらず相手を論破しようとします。答えをシェフに聞いた結果、自分の答えが正しいことがわかりました。相手は気まずい顔をしています。

この場合、料理の作り方が「話題」です。相手を言い負かし、勝ちましたね。でも、「目的」は結婚記念日をふたりでお祝いすることだったはず。目的では、完全に負けですね。

自分の本心がぶれないようにするために、目的をもって会話に臨む。

この「目的」を設定できる力は、自分の主張をわかってもらったり、相手を説得したり、問題を解決したりするために、とても重要です。

どちらかというと、**お父さん（男性）が得意とする分野**ですね。

ただ、目的を設定する会話は、設定のしかたを間違えると、親子においては、親が知っている知識を子どもに伝達する一方通行のコミュニケーションになりがちです。

使い方には注意したいですね。

◯家庭でも発想を変える時代

これからの時代は、**「目的のない会話」こそが、とても重要になってくる**と確信しています。「目的のない会話」とは、上下関係なく対等に会話すること。一方的なおしゃべりとも違います。

だれかの意図や目的に左右されない会話の中にこそ、新しい発想や発見が詰まっています。おそらく、**お母さん（女性）が本来、得意とする分野**ですね。

学校教育も今、転換期です。先生が問題を決め、解き方を教えて正解を導き出すという授業から、子どもどうしが意見を話し合う中で課題を決め、調べていく授業に変わりつつあります。「知の伝達」から「知の創出」に変わっているのですね。

企業においても、カリスマ社長がすべて決めて、それに従って社員が働く、というかたちよりも、社員が自分たちの中から新しい発想や企画を生み出して働く、というかたちの企業のほうが、勢いがあるといわれていますね。

ならば、今こそ、家庭でもスタイルを変えるときです。親が子どもに教えてやらせるのではなく、子どもの素直な発想や行動を大切に育てることです。

子どもの素晴らしい発想や行動を待っていたら、1年が暮れてしまいます……という声が聞こえてきます。たしかに、そんな特別なことは、数年に1回でしょう。

なぜなら、**〝親が期待するような発想〟は、もはや新しい発想ではない**からです。

たぶん、親が、イヤだな、なんでそんなことをしているのかな、と思うことが、新しいはずです。それに親が気づけるかどうか。

だから、日常の中で、親の言うことを聞けるようにするのではなく、子どもをそのまま認めることで、〝新しい発想の種〟がつくられることを目指すべきなのです。

性の知識は、夫婦で子どもに教えるもの

「赤ちゃんはどこから生まれてくるの？」

これは、5歳までの子どもの8割が、親に尋ねるといわれています。

あなたならなんて答えますか。

「コウノトリが運んできたのよ」

「もっと大きくなったら、自然にわかるよ」

「変なこと聞くな」

「橋の下からひろってきたんだ」

「お腹から生まれてくるのよ」

など、夫婦で顔を見合わせて、こんなふうに答えてしまっている方がほとんどだと思います。

これはとってももったいないことです。

性教育は、言い換えれば「命の教育」です。

子どもが尋ねてきたタイミングを逃さず、ごまかさず、本当のことを愛情いっぱいに伝えてください。

子「ねえ、赤ちゃんてどこから生まれてくるの?」
母「命の穴から生まれてくるのよ」
子「命の穴って、どこにあるの?」
母「おしっこの穴と、お尻の穴の間にあるのよ」
子「ふーん」
父「君が生まれたとき、とてもうれしかった。感動して涙が出たよ」

こんなふうに、子どもが何歳でも、本当のことを愛情いっぱいに伝えてくださいね。

夫婦で恥ずかしがったり、はぐらかそうとしたり、答えを押しつけ合ったりすると、子どもは、**「この話は、家ではしてはいけないんだ」と敏感に感じとり、それからは、一切話さなくなってしまいます。**

すると、小学校高学年や中学生になって、アダルトサイトや雑誌などで、商品化された間違った性情報を目にして、かたよった知識を身につけてしまう恐れがあります。

とても悲しいことですね。

◯性の知識はこう教えよう

「赤ちゃんはどこから生まれてくるの？」と聞かれたら、どうぞ、にっこり笑ってあたたかい雰囲気で答えてください。

ポイントは2つ。

①子ども自身が、自分がどんなふうに生まれてきたのか、**アイデンティティがわかるように話す**

②家族に話せば、なんでもごまかさずに本当のことを教えてくれる、という**信頼関係を築く**

そして、子どもが生まれたときのことをお話しします。

子どもは、自分の生まれたときの話を、お父さんとお母さんから聞くことが大好きです。

「あなたが生まれたとき、お母さんはとっても幸せだった。最初に抱っこしたのは、お父さんだったの。一瞬でお父さんの顔になってたわね」

「お母さんは、すごくがんばったよ。だから君が生まれてきて本当に感動したよ。お父さんとお母さんを選んで生まれてきてくれてありがとうね」

こんなふうに、妻から見た夫、夫から見た妻をお話しできるといいですね。

そして、さらにこう続けます。

「あなたも成長して、いつか愛する人ができたら、赤ちゃんが生まれるかもしれない。自分の体を大切にするのよ。ほかの人に触られたり、見られたりしては絶対にダメ」

自分のことを愛《いと》おしく大切にして、相手を愛して受け入れ、赤ちゃんを迎えて育てる。

それを教えていくのが夫婦の務めだと思っています。

性教育は妻の役目、夫がすべき、なんて身構えずに、ふたりで自然体で向き合えるといいですね。

帝王切開の場合は、お母さんがお腹を見せながらお話ししてもいいでしょう。ただ、命の穴の話もちゃんと伝えてくださいね。

◯性教育のタイミングを逃したら

もうその年齢は過ぎてしまった、一度はぐらかしてしまったときは、テレビの出産シーンや、赤ちゃんが生まれた話が出たときなどに、子どもが知りたそうにしていれば、「あなたが生まれたときはね……」と自然に話せるといいですね。

もちろん、「どこから生まれてくるの？」と質問しない子どももいます。

どうしてもちゃんと話したい、という方は、お子さんのお誕生日がチャンスです。

「ちょうど○年前の今日ね、今頃、お母さんは陣痛が始まって……お父さんは大あわてでね」
「この時間に、分娩室に入ったの」
「お父さんはカメラ片手に、お母さんの背中をさすったよ」
「もう、生まれておいで、ってなんども呼びかけたお父さんの声は、聞こえてた？」

と、時間を追って誕生の瞬間までを夫婦で思い出しながら、お話しできるといいですね。夫婦にとっても幸せな時間になるはずです。

正しい性の知識を、夫婦ならではの言葉で子どもに伝えましょう。

そうすれば、その後、どんな性情報を目にしても、子どもは自分で正しく判断できるはずです。

ここまでの第一段階をクリアすると、次は10歳前後になると、「どうしてお父さんに似てるの？」や「セックスってなあに？」と聞かれるかもしれません。命の穴の話から、ふみ込んだ内容ですね。

理科の学習で、おしべとめしべの構造は理解しているはずです。人間にも構造の違いがあることを説明しましょう。

「男の人には、おちんちんがあるね。女の人には、命の穴、膣《ちつ》がある。そこにおちんちんが入る、これをセックスってよんでるの。お父さんの精子とお母さんの卵子が受精して、赤ちゃんに成長する。2億個の精子の中から勝ち残ったのが、あなたなの。すごいことだね！」

「だから、お父さんとお母さん両方に似てるんだよ」

こんな感じでしょうか。

子どもは、まじめに聞いて納得します。

もし、命の穴の話をしていない場合は、このタイミングを逃さず、お子さんが生まれた時の話、命を育むこと、自分の体を守っていくことの大切さを、愛情いっぱいにお話ししてくださいね。

子どもが知りたいときに、知りたいことを家族でお話しできることが大切です。

妻と子どもを変える
「夫のすごい力」

全国で、言葉かけのコツのお話をする中で、

「今まで育てにくい子どもだと悩んでいましたが、子どもを大変にしていたのは、私の言葉かけが間違っていたからだとわかりました。子育てが、おもしろくなりました！」

とすぐに変われるお母さんもいます。

でも、理解はしても、実践までに時間がかかってしまうお母さんもいます。

そういう人を変えるのは、じつは**「夫」**なのです。

夫が変わると、妻が変わります。そして、子どもへの言葉かけが変わると、子どもは、あっという間に変わります。

お父さんが仕事や子育てと家事をがんばることはとても大切ですが、何より、**妻を大切にすること**。これがいちばん。

妻は、夫に大切にされることで、あっという間にすてきな妻に変わります。夫婦あっての家族です。

妻を大切にする、というと、「愛してるよ」と毎日言うこと。

これもいいのですが、**お父さんが家にいることで、お母さんと子どもにとって、うれしいことがある！**

これが大事です。

家に夫がいると妻にとっては、
①家事が片づく（ごはんを作る。洗い物をする。掃除する。買い物をするなど）
②今日１日がんばったことを認めてくれる
③感謝の言葉や気持ちを伝えてくれる
④ワクワクする週末の計画をしてくれる

子どもにとっては、
①いっしょに遊んでくれる
②学校の話や悩みを聞いてくれる
③がんばったことをわかってくれる

④ワクワクする週末の計画をしてくれる

こういった、うれしいことが考えられますね。

夫自身にとっては、

①頼りにしてくれる
②家族の中に居場所と役割がある
③疲れを癒やせる心地のいい家庭になる
④定年後も楽しい生活が送れる

というメリットもあります。

そして、その積み重ねで、みんなが家族として成長していることを実感できます。

家庭が幸せだと、仕事に精が出るのと同じように、勉強に精が出る。

それが、かしこい子どもを育てことにつながるのですね。

だから、お父さんは、夫としてバージョンアップして、かしこい子どもを育んでほしいと思います。

第4章

子どもの「器」を育む夫婦・家族の会話のコツ

夫婦で子どもに
正論を押しつけない

scene

子どもが友だちの輪に入らないとき

×

母「『入れて！』って言えばいいのに」
子「……うん……でも……」
父「自分から入らないと、友だちはできないぞ！」
子「うん……」

▼

○

母「何をして遊んでたの？」
子「お絵描きしてたの」
父「お絵描き得意だもんな。周りが騒いでいても
　すごい集中力だな」
母「お友だちは何してたの？」
子「鬼ごっこ」
父「鬼ごっこいっしょにしないのか」
子「するときもあるよ。今日は、お絵描き」
母「鬼ごっこしたいときは、入れてって言うの？」
子「うん！」

さて、4章では、親どうしが子どもの前でどうふるまうとよいのか、またどのようなことを毎日の夫婦の会話で大切にしていくとよいのかを、さまざまなシーンを例にとりながら紹介していきましょう。

この場面では、子どもがひとりぼっちで遊ぶなんてかわいそう、と親は思うかもしれませんね。

ところが、じつは本人は、イヤだとは思っていないかもしれません。

親は、望むことや気になったことだけを、つい言葉にして注意してしまいがちです。

でも、子どもの立場になって見てみると、まったく違うものが見えてきます。

だから、ひとりを楽しんでいるのか、入りたくても入れないのか、本当はどうしたいのかを子どもが自分で考えられるように、**「○○すればいいのに」**と指示するのはやめましょう。

さらに、「○○すればいいのに」という言葉は、親は方法を教えているつもりでも、**子どもは、〝友だちの輪に入れない自分はダメな子なんだ〟と受け止めてしまう**可能性があります。

だから、親の視点からの正論で問いかけるのではなく、「何をしていたの？」と子どもの視点にたち、**子どもが答えやすい「何？」で問いかけます。**

「お絵描き」など子どもが事実を答えられたら、「お友だちは何をしていたの？」と親が聞きたいこと、つまり、**周りのことが見えていたのかどうか**を聞きましょう。

「どうしてお友だちと遊ばなかったの？」ではなく、この場合も、「何？」で聞きます。

「どうして？」という問いは、責めている印象を与えるので、使いません。

それに、どうしてなのかは、子どももよくわからず答えられないからです。

そのあとで、「いっしょにしないの？」と聞けば、「するときもある」「鬼ごっこはしたくない」など、子どもの思いを言葉にできるでしょう。

その過程で、子ども自身がどうしたいのか、明日はどうすればいいのかを見つけられることが、ベストです。

親は早く結論を知りたくて、会話を先回りしたり、急いだりしてしまいますが、子どもは自分の気持ちや考えを親と会話しながら、整理しています。

お母さんが自分の視点で正論を言ってしまったら、お父さんが子どもの立場に立って話してみるというように、夫婦で補い合えるといいですね。

毎日の夫婦の会話

日頃から、夫婦の会話の中でも、

夫「ただいま！　いい匂いだな。何を作ってるの？」
妻「おいしいコロッケを作ろうと思っているの」
夫「おお！　いいね、じゃ僕は、玉ねぎの皮をむくね」

など、相手が「何をしているのか」を聞き、相手の世界に自然に入る声かけを夫婦でできるといいですね。

ポイント

- 相手のやっていることに興味をもとう
- 指示するのではなく、相手のしていることを聞こう
- 相手がいまどうしたいのか、観察しよう

夫婦で子どもの性格を決めつけない

scene

子どもが自分の意見を言えないとき

×

母「イヤだったら、はっきり『貸したくない』って言えばよかったのに」

子「うん……」

父「遠慮しないで、自分の意見をちゃんと言わないと相手はわからないぞ」

母「あなたは我慢してでも貸してあげられる、やさしい子なのよね……」

▼

○

母「へえ、貸してあげたんだね」

子「貸してって言われたから」

父「お父さんだったら、貸さないけどな」

子「どうして？」

父「返してくれなかったらイヤだし、壊されたら悲しいからね」

子「そうだね。それはイヤだな」

母「そうね。どうする？」

子「明日『大切に使ってね』って言ってみる」

父「大切に使ってくれるなら、貸してもいいよね」

子どもがなかなか自分の意見を言えないでいても、子どもの気持ちを親が勝手に決めつけてはいけません。

やはりここでも、「イヤって言ったら？」のように指示をするのではなく、「貸してあげたんだね」と**子どもの行動を認める言葉**をかけましょう。

そして次は、**親の考え**（この場合は、「お父さんは貸さないな」「お父さんも貸してあげるな」）を伝えるにとどめ、**子ども自身がそれを聞いてどう思うのか**、考えを育みましょう。

「あなたはやさしい子ね」は、一見、ほめているように聞こえますが、性格を決めつける言い方になります。

決めつけた言い方をすると、〝自分はやさしい子でい続けなければばならない〟と、自分自身をしばってしまうおそれがあるのでやめましょう。

ほめ言葉であっても、性格や才能を決めつけるのは、ＮＧです。

「あなたは天才だから、テスト１００点とれたね」ではなく、「あなたは努力したから、１００点とれたね」と、努力や行いを認めると、ますます努力できるようになります。

自分は天才だから、と本人が努力しなくなってしまうのは避けたいですね。

会話の順番は、

①子どもの行動や考えを認める
（この場合は、「貸してあげたんだね」）
↓
②親がお手本を見せる・親の意見や考えを言う
（この場合は、「お父さんだったら、貸さないけど」）
↓
③社会のルールを説明する
（この場合は、「大切に使うなら、貸してもいいよね」）

この順番で、子どもの自己肯定感を育みながら、意見を言えるようにしていきましょう。

毎日の夫婦の会話

日頃から、夫婦でも相手を決めつける言い方は避けられるといいですね。
もし、夫が家事に積極的ではなくても、「家事をまったくやってくれない夫」と決めつけず、

妻「今日は、体がだるくて、つらいわ」（自分の気持ちを伝える）
夫「大丈夫？　もう寝て休んだほうがいいよ」
妻「でも、まだ明日のお弁当の準備も、洗い物もあるから……どうしよう？」
夫「僕がちゃんと洗っておくね。準備もしておくから、安心して寝て」
妻「ありがとう」

などと、**自分の大変さを伝えてみましょう。**

そのあと、どうするのかをふたりで考えられるといいですね。
夫も頼られることで、頼れる夫にだんだん変わっていくでしょう。

ポイント

- 決めつけず、自分が感じていることを伝える
- 「どうしたらいいのか」を相手に考えさせる言い方をする

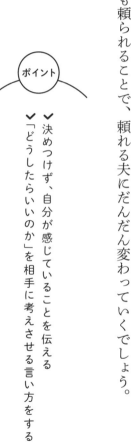

怒らせないようにと
黙っているのは逆効果

scene

お母さんが、子どもを怒っているとき

×

母「どうしてちゃんとできないの？」
子「だって……」
母「何度も言ってるでしょ」
父「……」（見て見ぬふり）

▼

○

母「どうしてちゃんとできないの？」
子「だって……」
母「何度も言ってるでしょ」
父「お父さんが夕食作るから、がんばろうね」
母「あ、ありがとう」

帰宅したときに、妻が子どもにガミガミ怒っていて、自分はどうしたらいいのかわからない、という夫の方々からのご相談をよく受けます。

よくあるのは、妻の怒りの嵐が通り過ぎるまで、黙って自室にこもってスマホを触っているというもの。

じつは、これは、いちばんよくない対処法です。

もしくは、「そんなに、ガミガミ怒らなくても、子どもは大丈夫だよ」と妻が叱るのを止める夫。

これは、妻をさらに落ちこませます。

妻は子どもに怒っているわけではありません。

きっかけは子どもかもしれませんが、ひとりでぜんぶかかえて、**夫が何も気づいてくれないことにイライラしているサイン**だと受け止めましょう。

その場から逃げず、妻と子どもが納得して解決するまで、妻をサポートできるといいですね。

具体的には、「洗い物は僕がしておくからね」「買い物に行ってこようか」などと声をかけること。

妻も、自分が何に怒っているのかを冷静に考えられるといいですね。きっと子どもではないはずです。

「ふたりでもっとピアノの練習したいのに、夕食作らないといけない時間なの！私は両方はできない」のように、言葉にして、夫に伝えましょう。

子どもは、理不尽なことで叱られると萎縮《いしゅく》してしまいます。さらに、お父さんが帰宅すると、お母さんがよりイライラすることも敏感に感じとっていきます。

お母さんの機嫌で叱られたり、叱られなかったりすると、自分の思いや善悪の判断を育むことができません。

会話を通して事態がよくなる経験をすることで、子ども自身も会話の大切さを学んでいくでしょう。また、物事の本質を見抜いて行動することが大事だということも学ぶはずです。

お父さんが帰宅すると、お母さんがご機嫌になる状況をつくっていけるといいですね。

毎日の夫婦の会話

妻「イライラしてごめん」
夫「ひとりで大変だよね」
妻「洗い物してくれたおかげで、宿題見ることができた」
夫「うん」
妻「あなたが帰宅すると、子どものことを中断して、夕食用意しなきゃ、って焦ってイライラするんだと思う」
夫「そういうことか。わかった。これからはいっしょにするからね」

このように、夫婦でお互いの思いを伝え合って、乗り越えていけるといいですね。

ポイント

- だまっていても何も解決しない
- 妻のイライラの本当の原因を考える
- 夫婦で話して、乗り越える姿を子どもに見せよう

子どもを家庭の中で孤立させない

scene

子どもが片づけをしないとき

×

母「おもちゃ、片づけなさい」

子「はいはい」

父「お母さん、さっきから片づけなさいって何度も言ってるよね」

子「わかってるよ。今やろうと思ったのに。言われるとやる気なくす」

母「やらないから言ってるんでしょ」

▼

○

母「うわ、おもちゃ、すごい出したね」

子「組み立ててたら、おもしろくなっちゃったの」

父「こんなの作れるなんてすごいな」

子「うん、こうするとできるんだよ」

父「へえ、そんな工夫ができるんだな」

母「ふたりして楽しそうだけど、そろそろ片づけて、おいしいごはんを食べようよ」

父「そうだね、いっしょに片づけて、ごはんにしよう」

子「うん、お腹すいちゃったね」

親は正論で注意しているつもりでも、子どもには自分の世界があります。夢中になって遊んでいることは素晴らしいこと。何度もお伝えしているとおり、まずは、その世界を認める言葉をかけることが大事です。

ただ、忙しいお母さんは、自分の時間の流れの中で計画して進めたい思いがあり、子どもとぶつかってしまいがちです。

こんなときは、**お父さんがじょうずに両者を認められるといい**ですね。

せっかくやりたい放題やらせても、認める言葉をかけなければ、認めていることにはなりません。

子どもは認められて、はじめて、相手（親）の思いに気づき、行動できるようになります。親から指示されてできても、意味はないですね。

毎日の夫婦の会話

日頃から、夫婦の会話の中では、

妻「脱いだものを洗濯機に入れておいてくれたら、明日着ていくのに間に合うよ」

夫「うん。別に明日間に合わなくていいよ」
妻「そうなのね。じゃ洗濯機に入れておいてね。間違えて捨てるといけないからね」
夫「そ、そうだね。入れておくね」
妻「うん。家族みんな自分のことくらい、自分でできるようにしないとね。あなたは、みんなのお手本だからね」
夫「たしかにね」

など、してほしいことをそのつど、言葉にして伝えましょう。
してほしいことを言わずに、「どうしてやってくれないの？」とイライラするのは、やめたいですね。

ポイント

- 子どもと対立した場合は、夫婦どちらかが認め役をする
- やってほしいことは、そのつど言葉にする
- 子どもを敵にしない

素直な気持ちを
大切にして器を育む

scene

友だちに
プレゼントをもらったとき

×

友「チョコレートどうぞ」

子「わぁい、チョコレートだ。わぁい、食べよっと！」

母「『ありがとう』は？」

子「あ、ありがとうございます……」

母「ちゃんと言えたね」

○

友「チョコレートどうぞ」

子「わぁい、チョコレートだ。わぁい、食べよっと！」

母「おいしそうなチョコレートをいただいて、ありがとうございます」

子「おいしいなぁ」

家族の中では、子どもそのものを認めることを心がけていても、第三者の前では、つい、「『ありがとう』は？」と子どもに指示したくなりますね。しつけのできる親だと思われたい気持ちが現れているのかもしれません。

でもやはり、親の役割は子どもの器を大きくすること。まずは、子どもの気持ちを育みましょう。

子どもは、まだ、気持ちや感情を育てている途中です。

親が**「『ありがとう』は？」と言わせることで、せっかく育ちかけた感情が消えてしまいます**。気持ちがこもっていない「アリガトウ」が言えても、意味はありませんね。

子どもが「ありがたい」「うれしい」という感情を育みきるまで、**親が相手に「ありがとう」をていねいに伝えます**。

これをくり返すことで、この感情を伝えたいと思えたとき、いつも耳から入ってきたお父さんお母さんの美しい「ありがとう」の言葉が言えるように必ずなります。

これが、心のこもった「ありがとう」になるのですね。

毎日の夫婦の会話

夫婦でも日頃から、
妻「帰りに買い物してきてくれてありがとうね」
夫「うん、コーヒー入れてくれてありがとう」
妻「今日ね、おいしいチョコレートいただいたの」
夫「チョコ、おいしいね。ありがとう」
のように、「ありがとう」を言い合っていれば、子どもに無理やり言わせなくても、言えるように育つはずです。

ポイント

- 子どもの気持ちを育むことが先
- 他人の前でも、自己肯定感を育む接し方を

家の外でも
ポジティブな言葉で接する

scene

子どもの友だちの親とばったり会ったとき

×

母「うちの子が、ご迷惑おかけしてないかしら？」

友「ぜんぜん！　いつも仲よくしてもらって、ありがとうね」

母「悪いことばっかりしてない？　遠慮なく叱ってね」

友「しっかりされてるわよ」

母「いいえいいえ。家ではほんとにだらしなくて」

▼

○

母「子どもどうし、いつも仲よくしてもらってありがとうね」

友「こちらこそ、すごく気が合うみたいで、よかったわ」

母「ふたりともサッカー大好きだから、練習も楽しそうね」

友「お子さん、リフティング、すごくじょうずね」

母「そんなふうに言われたら本人も喜ぶわ。○○君のシュート力こそ、すごいわよ」

日本のお母さんは、他人の前で謙遜して子どもを悪く言うことが、親として常識的だと勘違いしている人が多いように思います（もちろん、子どもが本当に迷惑をかけた場合は別です）。

アメリカやヨーロッパでは、びっくりされます。

お母さんが、ほかの人と話している言葉を、子どもはとてもよく聞いています。

お母さんどうしの会話からも、日頃お母さんが思っていることを感じとって、子どもは影響されていきます。

できれば、他人の前でも**子どもを卑下する言葉を使わず、「友だちと仲よくできていること」を応援する言葉を選びましょう**。

相手から子どものことをほめられたら、否定するより、受け止めて喜んだほうが、相手も子どもも気持ちがいいです。

毎日の夫婦の会話

妻「あの子、リフティングすごくじょうずねって、ママ友に言われたの」

夫「おお、それはうれしいね」
妻「練習してるもんね。あなたの教え方がじょうずなのね」
夫「おお、それはうれしいな。ありがとう。もっといっしょにがんばろうかな」
妻「うん、試合も近いしね」

日頃から、家の中でもポジティブな言葉を使って子どものことを話していると、とっさの時も対応できますね。夫婦の会話は、子どもも耳をダンボにしてよく聞き、やる気につなげていくはずです。

ポイント

- 家族のことを卑下しない
- 家の外でもポジティブな言葉を自然と使えるようにする

励ましや解決策より
共感を伝える

scene

子どもがやる気を失っているとき

×

母「あなたなら、やればできるよ。がんばれ！」
子「もう疲れた……」
父「やり方が悪いんじゃないか。変えたほうがいいんじゃないか」
子「イヤだ。もうやだ！」
父「そんなにやる気ないなら、もうやめるか！やめていいんだよ。やめるか？」

○

父「やる気の出ない日もあるよな」
子「もう疲れた……」
父「そうだよな。毎日、こんなに努力してるから、疲れもでると思うよ」
子「うん」
母「がんばってるもんね。お母さんはすごいと思うよ」
子「うん、わかってくれてありがとう。もう少しがんばる」

やる気を出させようと思うと、つい親は、

「がんばれ！」
「もっと効率的なやり方を」
「もうやめてもいいんだよ」

などと言ってしまいがちですね。

親としては、励ましや解決策を提示したくなります。

でも、**親は、子ども自身が考えて結論を出せるようにサポートすることが大切**です。

いっしょにいる時間の長いお母さんひとりでは、つい叱咤激励をしたくなりますが、そんなとき、お父さんなら共感できるかもしれません。

子どもは陥っている複雑な思いを受け止めて言葉にして共感してもらうことで、意外にすっきりして、以前のやる気をあっという間にとり戻します。

子どもはやる気がないのではなく、大変なことをだれかにわかってもらいたいだけの場合が多いからです。

ただ、子どもがもっと切羽詰まった状況の場合は、やっていることをやめてもなんの問題もないこと、逃げることは卑怯ではないことも、会話の中で、伝えていけるといいですね。

子どもは、親が思っているより狭い世界で生きているので、その中でうまくいかないと、生きていけないと思い込んでいる場合もあります。

親が見極めて、世の中には別の道もあって、なんの問題もないことを示せるといいなと思います。

毎日の夫婦の会話

妻「今日仕事終わりで買い物して雨降ってきて、荷物が重すぎて大変だった」
夫「疲れてたのに、荷物ひとりでこんなに持って大変だったね」
妻「うん、手が引きちぎれそうだった」

夫「がんばったね！　ゆっくりお風呂に入れるように、洗い物は僕がするね」
妻「ありがとうね」

相手が大変な状況だとわかると、つい、「電動自転車買えばいいのに」や「筋力をつけたほうがいいね」、「宅配で送ればよかったのに」など、見事な解決策を示したくなります。

でも、じつはそんなことより、まずは、「がんばってるね」「わかってるよ」「大変だね」と言って、大変だったことを共感し、気持ちを汲むことが大切なのですね。

よかれと思って伝える解決策は、ともすれば、自分に非があるかのように感じさせて、さらに落ち込ませる原因になります。

子どもも同じです。

やり方の提案をされることは、今の自分を否定された気持ちにさせます。

共感したあとで、本人が自分で解決策を考えられるといいですね。

ポイント

- ✔励ましや解決策は言わない
- ✔現状を認める言葉を伝えるほうが、相手はがんばれる

対立するより、前向きに今を楽しむ

scene

祖父母と子育ての考えが違ったとき

×

祖母「この子は食が細いね。大きくなれないよ」
母　「今の時代は、無理に食べさせなくてもいいんです」
祖母「甘やかしたら、ダメな子になるよ」
子　「……」
父　「食事がまずくなるよ」

▼

◯

祖母「この子は食が細いね。大きくなれないよ」
母　「そうなんです。でも、量は多くないけどバランスよく食べてるから大丈夫ね」
子　「背だって、クラスで２番目に大きいんだよ」
祖母「おお、そうなの。心配しなくていいんだね」
父　「お父さんはおかわりしようっと」

最近は孫育てのために、子育て講座にも積極的に参加されるおじいちゃんおばあちゃんも増えています。

みなさん、自分の時代とは違う最新の子育てを学ぼうと謙虚で熱心です。

一方で、祖父母世代のやり方を押しつけられることが、お母さんの子育てを苦しめているひとつにもなっています。

お母さんたちは、わかってもらおうとして、相手のやり方を否定しがちです。

自分の親だと、より反発したくなる人もいるかもしれませんね。

でも、**自分の親を否定することは、自分の育てられ方を否定すること。**

それは双方ともに悲しいですね。

だから、祖父母の言葉も、否定せず真摯《しんし》に受け止めましょう。その時代には正しかったのですから。

祖父母から言われたことに真っ向から答えるというよりも、本来の目的を共有するように返すことが大事です。

この場合の目的は、**「子ども（孫）の健やかな成長」**ですね。

これは、祖父母にとっても親にとっても、子どもにとっても、うれしいことです。

そのために、子どもは、バランスよく食べていること、そして背もちゃんと伸びて成長していることを伝えます。

そして、食事は、栄養補給をするだけの時間ではありません。

家族と楽しい会話をする時間でもあるべきです。

子どもは、祖父母との楽しい時間の中で育てることが大事です。


だから、第三者と意見が対立したときには、

①相手の意見を否定せず、認める
②同じ目的を確認して共有する
③目的を達成する手段は、いろいろあることを確認する

この順番で会話をして、お互いの考えを深めることが大切です。

毎日の夫婦の会話

夫婦で意見の合わない祖父母の話になったときも、

妻「おばあちゃんの言うこともわかるのよね」
夫「何が？」
妻「子どものことを考えて言ってくれてるって」
夫「そうだね。時代がズレてることもあるけどね」
妻「昔と今は違うことがわかってもらえるように、うまく説明できるといいんだけど」
夫「僕も応援するね」

のように、この場合でも否定せず、まずは認める、です。

そのあとで、双方の目的（この場合は、子どもの健やかな成長）を共有する言葉を選びましょう。

目的がいっしょであることがわかれば、そのための手段（「たくさん食べる」「少量でもバランスよく食べる」）は、時代とともに変化するものだと理解できるはずです。

ポイント

- 子どもだけでなく、親の考えも認める
- 手段は時代とともに変化する
- 今を楽しむことも大切

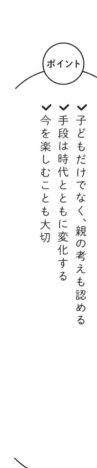

「わがまま」を「提案」にさせる言葉がけ

scene

子どものわがままが止まらないとき

×

母「ダメ、買いません」
子「ほしい〜」
母「そんな無駄なお金はありません」
子「けち」
父「ダメなものはダメだ」

▼

○

母「それがほしいなんて、なかなかセンスいいね」
子「うん、だから買って」
母「ほかのとどこが違うの？」
子「ここのつくりがこう違う！」
母「なるほど。家にあるものとの違いは？」
子「それはね……」
父「おお、そんな性能の違いがあるのか、よく知ってるね」
子「これだと、こんなこともできて、お父さんの役にも立つんだよ」

子どもが何かをほしいと言ったときこそ、**提案する力をつけさせるチャンス**です。

自分のほしいものを、相手に認めさせて買わせるために、頭と言葉をフル活動させることが大切です。

それなのに、「ダメ、買いません」もしくは「はい、買ってあげる」の一言で終わらせるのは、せっかくのチャンスをつぶすことになり、もったいないです。

提案する力を磨くためにも、

①ほしい理由
②ほかのものとの違い
③買うことのメリット
④買う側である親のメリット

を、しっかり言葉にできるように、少しずつ導きましょう。

そのとき、ほしい理由を知るために、「どうしてこれがほしいの？」と「どうして」で聞かないこと。

「どこがいいの？」「何が違うの？」など、答えやすい質問をします。

どうしてそれがほしいのかがわかるように、**子どもの頭の中を整理していく感じ**ですね。

そして、これも聞く順番が大事。

①子どもの「ほしい気持ち」を認める

「これがほしいんだね。センスいいね」など感情を受け止めます。

↓

②ほしい理由を４Ｗ１Ｈで整理する

状況に合わせて、４Ｗ１Ｈ（いつ・どこで・だれと・何を・どのように）で聞きながら、事実関係を整理します。このとき、ＷＨＹ（どうして）は聞きません。「何が違うの？」「どこで使うの？」などにします。

←
③買うことのメリット・親にとってのメリットを見つける
「それを買うと、お父さんやお母さんは何ができるの？」などと伝えます。

まずは、**「感情」**と**「事実」**を分けたあと、親に説明や提案ができるように、言葉をもたせる言葉かけが大事です。言葉を知ってはじめて「思考」できるからです。

毎日の夫婦の会話

夫婦の会話でも、何か買うときには、「ダメ」の一言で終わらせないように、いろいろなアイデアや情報を出し合います。

妻「食洗機、ほしいね」
夫「ああ、楽でいいね。でも手で洗ったほうがきれいにならない？」
妻「最近のものは性能が上がって、いいみたいよ」

夫「お皿洗いがめんどうなら、紙皿紙コップ作戦もあるよ」
妻「なるほど、それもいいね。でもやっぱりゴミ問題がね」
夫「そうだね、大量のゴミを捨てるのも大変だね」
妻「見に行ってみようよ」
夫「いいね。置く場所の大きさを計ろう。ちょうど入る大きさがいるね」

本当に必要なのか、ほかの考え方のほうが問題解決にならないのか、いっしょに考えられるといいですね。

そうしたやりとりを聞きながら、子どもも人を説得する言葉を学んでいきます。

ポイント

- 「ダメ！」の一言で終わらせない
- ほしい理由をいっしょに話し合ってみる
- メリットとデメリットの両方を考える

「結果」より、「がんばった過程」を認める

scene

子どもがかけっこで友だちに負けたとき

×

母「くやしいね。スタートが出遅れたからだね」

子「うん」

母「これから毎日走って、来年は1等賞を目指そう」

子「うん」

母「ちゃんとがんばれる？　でないと来年も負けちゃうよ」

▼

○

父「いい走りだったと思うよ」

子「でも、僕、1位じゃなかった」

父「そうだな。走るフォームはよかったと思うけどな」

子「スタートが出遅れた」

父「そうだな。やるべきことがわかるのはすごいことだと思うぞ」

子「やっぱりくやしいから、今日から、走る練習する！」

母「よっしゃあ！」

子どもが何かで負けてしまったとき、親はどう言葉をかけるか悩みますね。

原因を明確にしてアドバイスしたくなる気持ちはよくわかりますが、子どもは自分で分析できて、はじめて成長できます。

だから、自分で気づけるように、言葉をかけましょう。

親は「負けてしまったこと」に目がいきがちですが、まずは、**「がんばったこと」を認めることが大切**です。

それは、親にしかできないことだからです。

がんばったことを認めてくれる人がいれば、次に向けて努力できますね。

毎日の夫婦の会話

毎日の夫婦の会話でも、子どもと接するときと同じように、お互いのがんばりを認められるといいですね。
夫「今日仕事で、ライバル会社に負けてしまった」

妻「そっか。あんなにがんばったのにね」
夫「いや、どんなにがんばったって、結果がすべてだ」
妻「うん。でも、上司も部下もあなたも、みんな努力したんでしょう」
夫「がんばったのに……」
妻「うん知ってる。夜遅くまで、何度も資料を作り直してたよね」
夫「何がよくなかったのか、もう1度考えてみる」

どうすればよかったのかの答えは、本人の中にあるはずです。負けることは失敗ではなく、成功に向けての経験であり過程だと気づけば、次に向けて歩き出せますね。

ポイント
- 家庭では結果より「努力」を認める
- 自分で課題に気づけることが大切

ふたりで子どもを追いつめない

scene

子どもが何かで悩んでいるとき

×

母「何かあったの？　元気ないね」
子「別に……」
母「言ってくれなきゃ、わからないよ」
子「どうせ話したってわからないよ」
父「なんだ、その言い方は！」

○

父「何かあったのか？」
子「別に……」
父「そう？」
子「……」
母「おいしい紅茶いただいたから、いれるね」
子「うん」
母「おいしいクッキーもあるんだ」
父「お父さんも食べよう」
子「あのね……」

子どもが何かにふさぎ込んでいたり、落ち込んでいたりすることに、まずは気づける親でありたいですね。

子どもは親に気づいてほしくて、何かサインを出しているはずです。

親としては、気づいた自分を納得させたくて、子どもに何に落ち込んでいるのか説明させたくなります。

でも、子どもはうまく言葉で説明できないから、落ち込んでいる場合がほとんどです。**落ち込んでいる自分にも、ほっとできる居場所がある雰囲気を夫婦でつくりましょう。**

大事なことは、子ども自身が安心できて、落ち込んでいる状態から立ち直ることです。

親自身が安心したいために、子どもを追い込むような言葉がけをするのは、避けられるといいですね。

子どもも安心できれば、少しずつ言葉にして、助けを求められるようになるでしょう。

毎日の夫婦の会話

家庭では、子どもだけでなく、親も落ち込んだり弱音を吐いたりを見せていいのではないでしょうか。

そのとき、子どもが親の話を聞いていても、問題ないと思います。

夫「うまくいかなかった……」
妻「そうなんだ……」
夫「いろいろ難しいな」
妻「難しいね」
夫「ごめんな、こんな話みっともないな」
妻「ううん、夫婦なんだから、いいんじゃない。ビールでも飲もうか」
夫「そうか。ビールいいね」

このように相手を追いつめたり、結論を出させようとしたりせず、共感する姿や、そこから立ち直る姿を見て、子どもも学ぶでしょう。そして、そんな姿を見て、自分も安心して、悩みを打ち明けられるようになるのではないでしょうか。

ポイント

- 無理に相手に悩みを言わせない
- 相手が話し始めたら、聞き役に徹する
- 家庭は〝落ち込んでもいい〟と思える安心できる場にする

第 4 章

子どもの「器」を育む夫婦・家族の会話のコツ

相手を信じる言葉をかけ合う

scene

子どもの
テストの点がよくなかったとき

×

母「どうして、こんな点数なの？」
子「うん、難しかった」
母「勉強しないからでしょ！ やり方が悪いのよ。
　間違えたところ、やり直したの？」
子「やってない」
母「やっぱり。そういうところがダメなんだよ」

▼

○

母「あら、今回は、点数低かったね」
子「うん、難しかった」
父「じゃあ、みんなできなかったんじゃない？」
子「うん、平均点も低かったよ」
父「平均点低かったんだ。がんばったのにね」
子「でももっと完ぺきにすべきだったね」
父「えらいな、こんな難しい問題、よくがんばっ
　たね」
子「うん。これから、できなかったとこ、見直そ
　うと思って」
母「見直すこと、大切だね。体壊さないようにね」

親としては、目に見える数字だけを見て、焦ったり不安になったりして、どうしたら点数が上がるのか、勉強法を教えたくなります。

でも、子どものやる気を育てることが先決ですね。

アメリカで、新しく赴任してきた教師に、「このクラスで優秀な子は、名簿の1番・6番・13番・27番・31番の5人だからよろしく」と伝えて、担任をしてもらった、という実験があります。

じつは、伝えた5人は、優秀でもなんでもなく、無作為に選んだ5人。

ところが、驚くことに、半年後、その5人の成績が圧倒的に伸びていたのです。

なぜでしょう?

じつは、その5人に対して、担任は、疑うことなく優秀な子だという目線で子どもに言葉をかけていたのです。

そして、テストの点数や態度が悪かったときは、無意識に、「いつもならできたのに、今回は、あまりよくなかったね」と声をかけ、一方で、ほかの子には点数がよくても「ヤマカンが当たったのか、まぐれにしてもいい点だったね」のように声をかけていたのです。

この実験から、本人を信じて、言葉をかけることの大切さがうかがえますね。

親も、答えややり方をあれこれ言う前に、子どもを信じる言葉をかけることが大切です。

毎日の夫婦の会話

夫婦の会話でも、

夫「昇進試験、できなかった」
妻「難しかったのね」
夫「がんばったんだけどな」
妻「がんばったの知ってるよ」
夫「くやしいな」
妻「くやしいね」

夫「どうしようかな」

妻「どうするかいっしょに考えようね」

のように、**同じ言葉をくり返すことで、相手に共感すること**。相手のつらさをいっしょに乗り越えることが大切です。

相手が、よくない結果で悩んでいるとき、励ましたり、「次は大丈夫だよ」と言ってみたり、いろいろアドバイスできないか考えてしまうものです。

でも、基本は、相手の思いに寄り添うこと。

そして、その中で、本人が次にすべきことを考えられることが大切です。

結論は、自分の中にあるはずだからです。

日頃から夫婦でそんな言葉をかけられていれば、子どもにも自然にそんな言葉がかけられると思います。

ポイント

- なにごとも、一喜一憂しない
- 相手を信じる言葉をかける
- 相手の言った言葉をくり返して共感する

ルールを教える前に、「本音を言える場」をつくる

scene

子どもが
学校のルールをやぶったとき

×

母「どうしてそんなことしたの？」
子「……だって」
母「学校になんて言うの！」
子「……」
母「すぐ、黒髪にもどしてきなさい！」

▼

○

母「え、茶髪にしたの？」
子「……うん」
母「意外に似合ってるね」
子「そう……？」
父「似合ってるけど、校則では禁止なんだろ？」
子「うん……」
父「知ってて、染めたのか？」
母「自分では気に入ってる？」
子「じつはさ……」

校則やルールを破ることは、許されることではありませんね。

そんなことは、子どもだってわかっているはずです。

それでも校則を破ったのは、よほどの理由があるはず。

もしかしたら、いじめや罰ゲームなどが隠れているかもしれません。

もしくは何かに反発していることのサインかもしれませんね。

ですから、だれもが「校則破ってはダメ！」と言う中では、お父さんお母さんだけは、まずは認める言葉をかけてほしいのです。

なぜなら、**「ダメ！　直してこい」といった否定の言葉は、コミュニケーションの断絶**だからです。

子どもは、**親に言っても意味がないと感じると、口をつぐみ、心を閉ざしてしまいます。**

それに、世界には茶髪やブロンドや白髪などがあり、髪の色は人それぞれ。

それ自体は偏見なく、認められるといいですね（日本の黒髪偏重主義が、偏見や差別につながらないといいなと思っています）。

だから、まずは「似合ってるね」、もしくは、「今までのほうがよかったよ」などと、その結果を認める言葉をかけて、同じ土俵に上がりましょう。

そのうえで、ルールを破ることはいけないことを説明し、本人もそのことをわかっているかを確認します。

そのあとでなら、何があったのかを子どもが話しやすい雰囲気になるでしょう。お父さんもお母さんも、自分のことを本当に信頼して心配してくれていることがわかるからです。

本当の悩みや困りごとが解決されれば、自分から黒髪に戻すでしょう。親に叱られて、黒髪に戻しても意味はないですね。

表面的な行動に惑わされず、子どもの本当の悩みや不安に向き合う機会を逃さないようにしたいものです。

毎日の夫婦の会話

夫婦においても、お互いに、それぞれ今日1日何をしていたのかを見ていない状況で、結果だけで相手を非難したり、文句を言ったりするのはやめましょう。

夫「今日、まだ夕食作ってないんだね？」
妻「うん……」
夫「そっか、毎日作ってくれてありがとうね。今日は何かあったの？」
妻「うん……じつは、ね……」
夫「へえ……それは大変だったね」

のように、**その陰で何があったのかを思いやれる**といいですね。
そして、相手の変化に気づいたほうが、代わりに料理など家事をしたりすることも大切です。

こうした親の言葉や行動を見て、子どもも相手の立場になって自分がすべきことがわかるようになるでしょう。

ポイント

- まずは、否定も指示もしない
- 相手を受け止めてから、感想や意見を遠慮せずに言う
- 守るべきルールは落ち着いて説明する

本人の「過去」と「現在」を比べてほめる

scene

子どもがいつまでも宿題をしないとき

×

母「宿題しなさい」

子「あとでやる」

母「○○ちゃんは、自分から宿題するのに、どうしてあなたはできないの？」

子「○○ちゃんが、うちの子だったらよかったんだね」

▼

○

母「宿題ある？」

子「あるよ。あとでやる」

父「自分で決めてやれるなんて、お姉ちゃんになったね」

子「うん、これ終わったら、ちゃんとやるよ」

父「すごいね」

だれかと比べて、子どもを叱るのはやめましょう。

比べることでしか、物事を判断できなくなってしまいます。

人と比べて勝ち負けでしか人生を見られなくなることは悲しいことです。

ですから、ほめるときも、だれかと比べてほめるのはNGです。比べることでしかほめられなくなり、比べることでしか、自分を認められなくなります。


ただ、**子ども自身の過去と現在を比べるのは、ＯＫ**です。

「去年より、お姉ちゃんになったね」

「きのうはできなかったのに、今日はできたね。すごいね」

など、他者ではなく、子ども自身の過去と比べて、その成長をほめましょう。

逆も同じです。

「今日はできてないけど、先週はちゃんとできたのに」

と過去の自分ができていたことを思い出せれば、またできるようになります。

そうすれば、他人との比較や勝ち負けではなく、〝**自分との戦い**〟としてがんばれるでしょう。

これは、受験でも就職活動でも、人に勝つことではなく、怠けたくなる自分や目標に向かう〝自分との戦い〟ととらえて努力できるようになるはずです。

毎日の夫婦の会話

ほかの夫婦と比べて、「みんなもっと子育てしてるのに」「みんな家事してるのに」と言っても、「じゃあ、がんばろう！」とはなりにくいのは大人もいっしょです。

夫婦の会話でも、

妻「夕食、何作ってるの？」
夫「今日は、お父さん特製ハッシュドビーフ」
妻「おいしそうだね。腕あげたね！　おいしいよ」
夫「来週は、もっとうまく作るぞ！」
妻「わーい！」

のように、他者ではなく、過去の本人よりも上達したことを伝えたほうが、やる気になりますね。

ポイント

- 他者と比べて、ほめたり叱ったりしない
- 過去と今の相手の状況を比べて、自分自身に目を向けさせる
- 「自分との戦い」に勝てるよう応援する

第 4 章
子どもの「器」を育む夫婦・家族の会話のコツ

短所に見えることの
裏には
必ず長所がある

scene

子どもの性格が気がかりなとき

×

母「もうこれ、飽きちゃったの?」

子「あ、うん……」

母「なんでもすぐに、途中で放り出すのはよくないよ」

子「うん」

父「最後までやり遂げられないと、この先なんでも中途半端になるぞ」

○

母「もうこれやらないの?」

子「うん」

父「そうか、今は何をやってるんだ?」

子「こっちのほうがおもしろいよ!　見て、これ」

父「おお、これは、すごいな。お父さんもいっしょにやってもいいか?」

子「いいよ!　お父さんにできるかな?」

父「よし!　興味をもったことをすぐにやってみるのは、すごいことだよ」

私たちは、「最後までやり遂げる」「やりたくないことを続けてこそ、喜びがある」「初志貫徹」と言われ育てられた世代です。

だから、子どもにも何でも続けさせて、辛抱強い子に育てようとしてしまいがちです。

本人が集中して工夫しながら続けることは応援すべきですが、**本人が飽きてしまったものを続けさせても、意味はありません**。

ひとつの価値観にしばられず、見方を変えて、飽き性な子も〝好奇心旺盛な子〟ととらえて、そのままを応援していけるといいですね。

最近では、多様性が大切なこれからの時代には、飽き性こそ必要な力ともいわれています。いろいろなことに興味をもち、行動し、自分で学んだことは、将来に役に立つからです。

毎日の夫婦の会話

夫婦でも、

妻「近所にヨガ教室ができたから、やってみようかな」
夫「いいね、ますますきれいになるね。そういえば、パン教室は？」
妻「あ、やめた。パンは私には向いてなかった」
夫「そうなの？　じゃあ次はヨガだね！」

のように、**日頃からお互いに、「できないこと」に目を向けるのではなく、「したいこと」「興味をもったこと」を応援できるといいですね。**

お金を払ったのにもったいないですが、飽きたことを続けるのは、時間がもったいない。挑戦する中からいろいろな出会いがあって、また次につながるのだと思います。

ポイント

- やりたくないことを続けても意味はない
- いろいろ興味をもつ中で育めることもある
- だれかに応援されることで、力にすることができる

イベントには家族で作戦を考えよう

scene

先生との
3者面談があるとき

×

母「明日の面談、恥かかせないでよ」

子「大丈夫だよ」

父「先生にもっと宿題出すように言っといて」

子「なんでだよ」

○

母「明日の面談、何を話すのかな。先生はなにかおっしゃってた？」

子「進路とか」

母「うん。進路のこと聞かれたら、なんて答えようか」

子「行きたい学校名も、理由もいったほうがいいよね」

父「今からいっしょに考えよう」

子「うん。進路にかんして家の方針とか？」

父「お前が決めたことを全力で応援する方針、ってことでいいのかな」

〈先生と親 VS 子ども〉という関係にならないように、面談などのイベントには事前に親子で相談して臨めると、子どもは安心します。

家での子どもの態度で心配なことがあったとき、親が勝手に先生に話すと、親にそんなつもりはなくても、子どもは、「私に直接言えばいいのに、なんで先生にチクッてるの?」とショックを受けます。

また、**面談に出席するのがお母さん（お父さん）だけだとしても、お父さん（お母さん）もいっしょに事前に相談することが大切です。**

話す内容を細かく家族で打ち合わせしましょう。

毎日の夫婦の会話

夫婦の会話でも、

妻「明日の法事だけど、私は、何をすればいいかな?」

夫「なんにもしなくていいよ」

妻「そんなわけにはいかないわよ。夕食の買い出しと準備、いっしょに行ってね。どこで何を買えばいいのかわからないから」
夫「わかった、おふくろに聞けばいいよ」
妻「あなたが事前に聞いてよ。私も〝できる嫁〟って思われたいじゃん」
夫「わかったわかった。明日は、大変だと思うけど、よろしくね」
妻「うん！」

のように、家族でいっしょに出かけるときには、事前に打ち合わせをして行く習慣をつくれるといいですね。

あとで、「そんなはずではなかった」とケンカにならないように、夫婦で、意見を統一させていくと、夫婦の絆も強まり、お互い頼りになる家族になっていきます。

ポイント

- イベントごとに、家族で作戦を練る習慣をつくる
- みんなが活躍できるようサポートする

家族イベントは
〝チーム感〟が大切

scene

親族の集まりに出席するとき

×

母「ちゃんとご挨拶してよ」
子「うん、わかってるよ」
母「今、言ってみて」
子「大丈夫だよ」

▼

○

母「ちゃんとご挨拶をいっしょにしようね」
子「わかってるよ」
父「大丈夫だよな。僕のほうがちゃんと挨拶できるか心配だ」
子「今、言ってみて」
父「え〜本日はお日柄もよく……」
子・母「あははは！」
父「よし、うちの家族は大丈夫だ！」

家族でいっしょに親戚の集まりなどに参加するとき、不安な気持ちから、子どもに「ちゃんとしなさいよ」と言ってしまいがちです。

でも、「ちゃんと」の意味は、子どもにはわかりません。

それよりも、**家族が一丸となって参加できる雰囲気をつくる**ことのほうが大切です。

行儀や礼儀、言葉遣いやマナーなどは、子どもが親といっしょに参加している気持ちさえあれば、そのつど、親をお手本として、子どもも自然と身につけていきます。

その場で、ひとつひとつ、説明をしましょう。

毎日の夫婦の会話

日頃から、家族としていっしょに何かにとり組む姿勢や準備を、子どもはよく見ています。

だから、夫婦の会話でも、

妻「今度のお花見、８つも家族が集まるらしいよ」
夫「すごいな、楽しみだね」
妻「準備しなきゃね。お弁当と、持ち物と、服と……」
夫「よし、週末に、家族で準備しよう」

のように、いっしょに考えられるといいですね。
子どもの年齢に合わせて、家族としてどうありたいのか、どうかかわるのかを事前に考える習慣をつくっていきたいですね。

ポイント

- 家族みんなで準備して「チーム感」を育む
- 自分の心配なことは先に話しておく

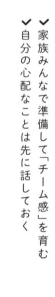

離婚は、家族にとって〝前向きな決断〟にする

scene

子どもに 離婚について話すとき

×

母「もう、信じられない」

父「君が悪いんだ！」

母「あなたは、どっちについてくる？　お母さんよね？」

父「お前には子どもを育てる経済力もないくせに」

子（僕のせいでケンカしないで……）

○

母「お父さんとお母さんと話し合って、離婚することにしたの」

父「離れて暮らすことで、お互い自分の道を歩めると納得したんだよ」

子「うん」

父「離れても親子に変わりはない。愛してる。ずっと頼ってほしい」

子「うん、わかってる」

離婚を伝えることは、とても難しいです。子どもの気持ちを最優先したいのですが、親自身がすでに自分のことだけで精一杯になっているからです。

苦しいかもしれませんが、夫婦どちらかが子どもに一方的に話すのではなく、できれば、夫婦いっしょに子どもに愛情深くお話しできるといいですね。

夫婦にとって離婚は、**マイナスではなく今よりもよりよい状態にするための手段**です。そのことを子どもにもわかるように話すことが肝心です。

大切なのは、**「離婚の理由が子どもではない」ことを強調すること**。自分が悪い子だからと自分を責めてしまわないように伝えることです。

さらに、相手のせいにして、非難し合う姿を見せるのはやめましょう。

つい、自分がいかに正しいかを子どもにわかってもらいたくて、相手を悪く言いがちですが、どんな相手でも、子どもにとってはずっと親です。

相手の悪口を言うことは、半分血を引いている子どもを苦しめることになります。これから先も信頼関係を築いていけるように話すことが大事です。

できれば、子どもと相談しながら、新しい道を進めるといいですね。

相手の悪口を言い合って冷たい家族であり続けるよりは、前向きに話し合って離婚を選び一歩進んだほうが、子どもにもよい影響を与えると思います。

離婚に至るまでの過程で、子どもを傷つけないように注意したいものです。

毎日の夫婦の会話

夫婦で離婚を決断したら、

妻「離婚することを、あの子にもちゃんと伝えたい」
夫「嘘をつかずに、本当のことを話そう」
妻「けっして、子どものせいで離婚するわけじゃないこともね」
夫「離れていても、父親だからね」
妻「あなたとはやり直せないけど、今までのことは感謝してる」

夫「話し合えてよかったよ」

のように、離婚をするそのときまで、夫婦として前向きに話し合うことが大事だと思います。

ポイント

- ✔ 離婚の原因は子どもではないことを強調する
- ✔ 離婚は新しい生活への出発だと前向きに伝える

著者紹介

天野ひかり（あまの・ひかり）

上智大学文学部卒業。テレビ愛知アナウンサー(1989 ～ 1995)。現在はフリーアナウンサーとして活躍中。フリー転向後はNHKの番組を中心に出演し、2008年3月まで教育テレビの番組『すくすく子育て』でキャスターを務める。

自身の結婚、出産、育児と仕事の両立を経験したことで、子育ての重要性を認識。「NPO法人親子コミュニケーションラボ」を立ち上げる。子どもの自己肯定感を育むための親子のコミュニケーション力をのばす講座や講演を全国の自治体や幼稚園、学校、企業などで開き、今までの受講者は5万人以上。多くの父母から支持され「育児が180度変わった！」など感動の声が寄せられている。

著書に『子どもが聴いてくれて話してくれる会話のコツ』（サンクチュアリ出版）、『天野ひかりのハッピーのびのび子育て』（辰巳出版）がある。

NPO法人　親子コミュニケーションラボ
http://www.oyakom.com/

監修者紹介

汐見稔幸（しおみ・としゆき）

1947年大阪府生まれ。東京大学名誉教授、日本保育学会会長、白梅学園大学名誉学長。

専門は教育学、教育人間学、保育学、育児学。2017年告示保育所保育指針改定時には、厚生労働省社会保障審議会児童部会保育専門委員会の委員長を務める。自身も三人の子どもの育児を経験。現代の父親・母親の応援団長を目指している。保育者による本音の交流雑誌『エデュカーレ』編集長ほか、21世紀型の身の丈に合った生き方を探るエコビレッジ「ぐうたら村」村長など多数務める。

賢《かしこ》い子《こ》を育《そだ》てる夫婦《ふうふ》の会話《かいわ》　〈検印省略〉

2019年　5　月 18　日　第　1　刷発行

著　者——天野 ひかり（あまの・ひかり）
監修者——汐見 稔幸（しおみ・としゆき）
発行者——佐藤 和夫

発行所——株式会社あさ出版
〒171-0022 東京都豊島区南池袋 2-9-9 第一池袋ホワイトビル 6F
電　話 03 (3983) 3225（販売）
03 (3983) 3227（編集）
F A X 03 (3983) 3226
U R L http://www.asa21.com/
E-mail info@asa21.com
振　替 00160-1-720619

印刷・製本 神谷印刷（株）
乱丁本・落丁本はお取替え致します。

facebook http://www.facebook.com/asapublishing
twitter http://twitter.com/asapublishing

ISBN978-4-86667-131-4 C2077